生きる

1

哲学はじめの一歩

立正大学
文学部哲学科
〈編〉

春風社

1 生きる

生きる

私たちは、普段「生きる」とはどういうことか、などと考えることなく毎日を過ごしている。生きることは、食べること、住むこと、装《よそお》うこと、学ぶこと、働くこと、そのような日々の営みの前提である。今日は何を食べようか、大学に合格したらどこに住もうか、姉の結婚式に何を着て行こうか、など、私たちはいろいろなことに日々頭を悩ませる。それは「生きる」ことを前提として選択したから生じる悩みである。生きていなければ、そのように悩むことはない。しかしたとえば、「人生に意味があるのか」という悩みは、先に挙げた日常的な悩みとは次元が違う。

もしかしたらあなたは、人生で何かうまくいかないことが起こった、深刻で特別な場合に「生きる」とは何かを考えなければならない、と思っているかもしれない。あるいは、のんべんだらりとした生活をしている若者が、どこかのエライ人に「そんな生き方でいいのか」と忠告されて、考えなければならないことだと思っているかもしれない。しかし、本書が目指しているのは、そのどちらでもない。

本書は、私たちが生きていること全体を、いろいろなことに追われて忙しい日常からちょっと離れて、考えてみようという本である。「生きる」ことをこんなふうに考えてみると、以前考えたことがある別の問いに重なるという不思議な経験をするかもしれない。あるいは当たり前だと思っていたことが、よく考えると実はそうでもないという意外な発見につながるかもしれない。

この本では、哲学の専門書のように、難しい用語を使っていない。日常的な易しい言葉で書いてある。哲学の勉強をしたことがない高校生や大人の方々にも、哲学をする楽しさを体験してもらえるように編んだ本である。

5

「生きる」ことは、どのように始まりどのように終わるのか。考えてみると、その始まりも終わりも、よくわからないことに気がつく。自分がこの世に生まれてきた時の様子は、親から聞くことはできる。でも自分自身には、この世に生まれた決定的な瞬間の記憶はない。その前には母の胎内で生きていたはずだが、その生がいつどのように始まったかもわからない。幼少期の最も古い記憶といっても、それは二歳とか三歳のもので、物心ついた頃には、すでにそこまで自分を育ててくれた人たちに囲まれて、当たり前のように生きていた。それまで生きてきた過去があり、生きている今があり、そこから生きる未来がある。この生きる営みは、永遠に続くわけではないだろうが、当分の間、続くだろうと私たちは思っている。そして明日だけではなく、来年、そして一〇年後二〇年度のために、計画を立てたりお金を蓄えたりする。

しかしこの世の生は確実に終わる。人間は死すべき存在である。誰もが常に限りある生を生きている。いつどのように終わるのかは誰もわからない。ひょっとしたら明日かもしれない。病気が、事故が、地震が自分を襲う可能性は否定できない。そもそも、死とはどのようなものなのか、果たしてその先に別の世界があるのか、それは今生きている人間は誰も知らない。私たちは、生きている人からしか、教わることも学ぶことも聞くこともできない以上、死がどのようなものかは自分が死ぬ瞬間にならないとわからない。そして、その時わかったことは生きている人にはもう教えられないのだ。

その一方で、私たちは、他者が生まれる瞬間、他者が死ぬ瞬間に立ち会うことができる。きっと自分もあんなふうに生まれてきて、あんなふうに死ぬのだろうと思う。

このように、人間の生を全体として見つめる時、私たちの中に、いくつかの哲学的な問いが生まれる。人生の意味とは、死とは、生とは何か。さあ、ここから一歩一歩、哲学の道を歩んでいこう。

（田坂さつき）

1

生きることに意味はあるのか

板橋勇仁

はじめに

「生きることに意味はあると思う?」。こう聞かれて、どう考えるだろうか。大きな意味があるという人もいるだろう。生きる意味なんて本当は無いのではないかという人もいるだろう。あるいは、こんなことは考えたことがない、という人もいるだろう。

だが、人間が生きているときには、「自分はなぜ生きているのか」という理由や意味、あるいは生きがいや目的のようなものを、大なり小なり持っているのではないだろうか。大げさなものでなくてもいい。何をしたいのか、何ができれば、満足感や幸福感が得られそうか。どんなものがそばにあれば安心できるのか。それは、お金なのか、名誉なのか、それとも家族の愛なのか。いろいろ考えることができる。

もう少し考えを詰めてみよう。一体何を得られれば、安心できるのだろうか。

はたまた、生きていく上で一体何が信じるに値するものなのだろうか。いずれ死に至るわたしたちは、何のために、何に向かって生きていくのだろうか。生きることの目的、生きることの意味はどこにあるのだろうか……。

改めてこのように考えはじめると、わたしたちは、そうした疑問に対する答えをそれほどはっきり知っているわけではないことに気づくのではないか。むしろ、一人ひとりが答えを分かっている振りをしているだけで、実は知らないのではないか。

これは少し考えると不思議な話だ。確かに、「生きがいとは何だ?」「君の生きる目的や意味とは何だ?」と聞かれたとして、すぐには答えに困るだろう。しかし、何らかの答えらしきものが自分の中にあるような気がするし、あるいはいつか見つかりそうな気もする。

もう少し狭く言えば、たとえば私(筆者)が今このように文書を書いていることには、もちろん目的がある。少なくとも私にとっては、哲学というものは生きていくことにとても大事なものであるし、その大事さを少しでも皆さんに伝えたい。もしかすると皆さんにとっても生きていくことに何か役立つかもしれない。

そういったことを考えながら今この文章を書いている。つまり、一応は目的が分かっている。しかし、本当にそうだろうか。

これから私が書くことは、人間というのは、結局は何のために生きているのか、そして何のために今これを行っているのか、そのことにどのような意味があるのか、ということを実は知らないのではないか、ということだ。それは常識とは随分違う考え方かもしれない。けれども、「生きることの目的や意味は、実は分かっているつもりだけれども分かっていない」のではないか。では、生きることに「意味はない」のだろうか。しかし、もし「ない」としたら、生きる力をどうやって得たらいいのだろうか。こういったことを考えてみたい。

生きることの目的や意味を求めて

（1）

わたしたちは何を求めて生きているのだろうか。生きることは何かを欲したり、何かを志したりすることでもある。たとえば今の私は「一生懸命文章を書こう」という意志を持っている。ここで私は、この「意志」という言葉を広い意味で使っている。たとえば一九世紀に活躍した哲学者アルトゥール・ショーペンハウアーは、わたしたちが何かを意欲し、行動する、というその全体を「意志」と呼んでいる。つまり、狭い意味での意志だけではなく、その前後のプロセスも含めて「意志」と呼んでいる。日常的にも「あの人の意志は固い」と言うときには、「ただ強く決意している」という意味だけではなく、「必ずそれをやる」という実行の部分まで広く含んでいる。今こうして文章を書いているのは、「書こうと意志して書いている」ことであり、その全体を「意志する」と言っていることになる。

そこで問題になるのは、この哲学者は、この「意志」には目的や意味がない、と言っているということだ。けれども、普通はどのような意志にも少しは目的や意味があるだろう。原因や理由もあるだろう。最初はあまり気付かなくても、やはりいろいろな原因がある。今私が日本語で書いているのは、もちろん、日本語がわかる読み手のために書くという目的を持っている。そう考えると、自分の意志については、それなりに目指していくところを挙げて、「このような目的があったからこうした」というような説明ができる。ところが、この哲学者は「そうではない」と言っている。

（2）

本当にそうだろうか？　この哲学者の考えを詳しく紹介するのではなく、わたしたちで考えていくことにしよう。

わたしたちの意志の目的や意味については説明ができない、と言われれば、簡単には賛成できないだろう。たとえば極端な仕方で「自分はなぜ存在しようとしているのか？」と問われたとしても、このように答えられる。「日本という国に生まれ、たまたま哲学を志した中で、今はこの哲学を少しでも究めたいと思うからだ。それから、哲学がこの日本にも必要だと思うので、そのために生きようと思っている」。そのような生きがいがあり、そのために存在しようと意志している。あるいは「なぜ何かを意志しているのか？」、つまり「なぜ何かをしたいと思うのか？」と聞かれると、生物として生きていくためには、そのような欲求を持って生まれているのだとも答えられる。それはある意味では生物学的な原因であるが、本能的な「目的」であるともいえる。

しかし、この答えに対して、「なるほど。では、それはなぜだろう?」とさらに聞かれたらどうだろう。たとえば「なぜ存在しようとしているのか?」に対して「日本で哲学をする必要を感じているからだ」と答える。では「なぜ、あなたは日本で哲学をする必要を感じるに至ったのか?」と聞かれる。このように答えるたびに「それはなぜだろう?」「なぜだろう?」と問われ続けていくとどうなるだろうか。「かくかくしかじかの文化を持った日本に生まれたから」と答えるなら、「なぜ、そうした日本に生まれたのだろう?」ということになる。答え方は色々あるが、たとえば生物学的な原因を挙げることになるかもしれない。「両親がいて生まれたから」と。では「なぜ、その両親がいると生まれるのだろう?」となり、「両親はやはり子どもが欲しかったから」と答える。「両親はなぜ、子どもが欲しかったのだろう?」「人間という種族がそうであるから」「なぜ、人間という種族は種を保存したいのだろう?」と考えていくと、「生物がそうした欲求を持って生まれているから」。ここまで来ると、「なぜ、何かを意志しているのか?」という問いに対する答えと同じものになってくるかもしれない。

それでは「なぜ、生物はそうなのか?」「地球がそうであるから」「なぜ、地球がそうなのか?」。答えとなるのは、段々と物理学的な原因になる。しかし、行きつく究極の原因や目的というのは、よく考えると分からなくなる。もし、最後の原因を「ビッグ・バン」だと考えたとしても、「それではビッグ・バンは、なぜ、起こらなければならなかったのだろう?」と聞かれれば、ビッグ・バンの原因を考えなければならなくなる。

(3)

これでは解決がないということで、「神」を考えることもあるだろう。「神がすべての原因であり、世界を創るのだ」。すると「なぜ、神は世界を創るのか?」。たとえば「神は愛するからだ」と答える。すると「なぜ、神は愛するのか、なぜ愛さないではないのか?」。ここでは、「神は、〝愛する神〟なのだ」という答えになるかもしれない。しかし、「なぜ、神は愛する神か?」ということを聞かれると、答えに困るだろう。

そして「なぜ、神は世界を愛するのか？」ということがよく分からないということは、実は問題が結果的に「この自分」にも戻ってくる。というのは、このことは結局、「なぜ、自分は神に愛され、その結果、存在しているのか？」ということがよく分からないということだからだ。

もしも、神が「世界をこのようにしたい」「……という理由で世界を愛している」といったことが分かれば「自分もそのように生きれば愛されるのだ」あるいは「……という理由があるから愛されるのだ」と思うことができる。しかし、「神が世界を愛しているのはなぜか？」ということが分からないのだから、「自分が神に愛されるのか、愛されないのか」ということもよく分からないことになる。あるいは、神はとにかくすべてのものを愛するのだとしても、その目的や、そうでなければならない意味がよく分からない。それが分からないと、どのような目的でどこに向かって生きていけばいいのか、というのがよく分からないということになる。

だとすれば、いま書いているこの私も、なぜ、自分がここに居て、書くという作業をしているのか、その究極の理由や目的が分からないということになる。皆さんに哲学を分かってもらおうと思うためだろう。いや、本当にそうなのだろうか。何のためにそう思うのか。自分が今やっていることの目的や意味は何か。それを突き詰めて行けば、結局のところ、今まで述べてきたように、それがいつまでも分からないということになるだろう。一応今はこのような目的で生きていると思っても、本当にそうなのか確かめる術《すべ》がないということになる。すると、生きていくことは実は「どうでもいいことなのではないか?」ということになってしまうのではないか。「書くことに何か意味があるのだろうか?」ということにもなってしまうからだ。

もしも、私が本当に自分の生きがいや生きる目的を分かっていないとすれば、ここでこのように文章を書いている意味はあまりないということになってしまう。しかし、そうではなくて、どこかで、きっとこのように書くことが自分の人生の目的とつながっていると思っているから、やる気を持って書いている。書いているけれども、それは生きる目的と全然関係ないと思われてくれれば、やる気は出ない。

そうなると、簡単に言えば、生きていくことが苦しくなるだろう。その苦しい感じは、宙に浮いているというか、空回りしているという意味での苦しい感じとでも言えるだろう。一応は生きる目的を「心得ている」気がしていても、本当のところはよく分かってはいない。「心得ているのに空回りしている」というか「分かっているつもりなのだけれど、根本が空っぽになってしまっている」ということだろう。

そうだとすれば、毎日の一つひとつの意志でさえ、本当はなぜこのようなことをしたいか分かっているわけではないことになる。結局自分が何をしたいのかが分からない、ということになれば、達成感や満足を得られない。目標を立てることができるから、それを達成したときに満足を、ひいては幸福感を得られるのだから。たとえば、「一つの論文を書ききる」という目標が立てば、書ききれば、目標の「達成」となるが、いったい何のために、何の必要があってそんなことをしているのか、自分が結局のところ何をしようとしているのか、それが分からないということは、まさしく何をしていいか分からないことになるだろう。何をしても究極のところは満足できないとなると、自分の行くあてを見失うということになるのだ。

いったい、何をすれば自分は「これで良し」と言えるのか。何をすれば自分は「これで十分だ」と思えるのか。

生きることの意味を見失う時

（1）

どうしてもある本が欲しかったが、その本を手に入れた途端、急につまらないものに見えてきて、読まなくてもいいような気がしてしまうことがある。インターネットで注文した瞬間からもう次の本が欲しくなることもある。手に入ったと思った瞬間に、もう興味をなくしてしまう、それだけではなく、次のものが欲しくなってしまう。しかも、簡単に手に入らないと、満足ができない、いろいろと苦しむ。

何か一つ得ては次が欲しくなり、そのうち、得たいものの内容には関係なく、「手に入れては次、手に入れては次」と、絶えず新しいものを得ていないと落ち着かない。そういったことはあなたの人生にはないだろうか。いや、わたしたちの人生そのものは本質的にそうしたものだと言ったら、皆さんはどのように考えるだろうか。

もし自分の求めているものや生きがいを「これ」だと分かっていれば、「それ」を手に入れれば安心できる。あるいは、終わりはないかもしれないけれども、少しでも「それ」に近づくことができれば、少しは安心できる。この道でいいのだという確かな手応えが得られるはずである。生きることの意味も少しは見いだすことができる。しかし、もし「それ」がないとしたら……。

たとえば画家になりたい人は、「なぜ、画家になりたいのか?」と聞かれ、その答えが、「究極のところはよく分からない」「別に画家になってもならなくても、それほど変わらないかも知れない」「画家になることにどれほど意味があるのだろう?」となる場合。そうなると、たとえ画家になることができたとしても、「次は、その次は」「もっと手応えがあったはずなのに」という手応えだけを求めるようになってくるだろう。そうなると、一種の「自分探し」なり、「幸せ探し」のようなことが起こってくる。しかしそうした「探し」の多くの場合、究極のところ自分がなぜそれを欲しいのかがよく分からない。人間が「意欲する」「意志する」というのは、当てもなく、自分が本当は何をしているのか分からずにしていることではないだろうか。私はこの文章を書いている、皆さんがそれを読んでいる、こうしたことも、実は何のためかよく分からないままに行っていることではないだろうか。

このように考えてくると、人間が生きる上で、「これを求めていこう」という目的が見つからない、ということになる。つまり、「それ」を達成することで生きることに意味を感じられる、そうした頼れるもの、拠《よ》り所がついぞ分からない、ということになる。

しかし、実はそれだけではない。事情はさらに複雑で深刻だ。人間は、そもそも目的や意味が分からないのだから、それを求めても苦しく虚しくなるだけなのに、それを求めよう、満足や幸福を得ようとやっきになり、そのことから離れられない。人間には、生きがいや目的など分かっていないのに、それを、どこかで分かるのではないかと執着してやまない性質がある。つまり、獲得されることがあり得ない自らの拠り所を獲得しようと執着するという歪んだ性質がある。執着のこうした空回りが続く限り、苦しみばかりが増えてくることになるだろう。

（2）

では、人間はどうすればよいのか。生きる目的も意味も分からない中で、どのように生きていけばよいのか。そのための一つの方策は、生きる目的や意味を求めることをやめる、空回りを「鎮《しず》める」ということではないか。

しかし、生きる目的や意味を探すことをやめるとすると、全ての意欲を失って無気力になってしまうのではないかという疑問が生じるだろう。けれども、よく考えてみるとそうではない。生きることに無気力である、生きることはもう嫌だ、生きることから逃げたい。これは「ペシミズム（厭世主義）」と言われるものだ。このペシミズムには二つのタイプがある。その一つは、生きることをやめたいと思うタイプ。もう一つは、流されるまま無気力に生きるというタイプ。生きる意欲がゼロとは言えないまでも、ほとんど意欲なしに、流されるがままに生きるというもの。

よく考えてみると、実はそのどちらも、そのような仕方で安心を求めていると言える。生きることをやめたいと思うタイプも、実は命の拠り所・安心する所を積極的に求めている。流されるままのタイプは、いかにも無気力のように聞こえるが、実際には流されて無気力でいればそれで楽だろう、そこに安住したいという気持ちが働いている。

どちらのタイプにしても、何らかの意味で拠り所を求めている。生きる意味を求めているかとたずねれば、差し当たりは「求めてはいない」との答えが返ってくるかもしれない。ところが、深く考えてみるとそのような仕方でどちらのタイプも自分の一番安心できるところを選んでいる。「もう何も自分には生きる意味はないのだ」と言いながら、実は最後のところで、まだ頼りになるものを求めている。それは、ねじれた仕方ではあるが、自分の存在の拠り所を求めているということであり、結局、自分の存在の意味を求めているということである。しかし、それでは最後の最後まで空回りの苦しみはなくならない。

生きることのかけがえなさ

（1）

本当に、そこまで、生きる目的や意味というものを探し求め続けなければならないのだろうか。そのように探し求めるということをやめたときに、本当に人間は生きる力を失ってしまうのだろうか。

すでに書いたように、私は、そもそも何のためにこの文章を書いているか、よく考えてみれば、それは分からない。それでは、書くことは、結局、無駄で虚《むな》しいことなのだろうか。もしも「今、自分がこうして書いていること」に結局は目的も意味も付けられず、書いていることが大事で意味のあることだというその「裏付け」が取れないとしたら、どうなるのだろうか。実は、かえって、「今、自分がこうして書いていること」そのこと自体がとても貴重なこと、文字通り「有り難い」ことだということになってくるのではないか。

こう書くと驚かれるかもしれない。ここには話の大きな転換点がある。たとえば、今こうして文章を書いていることの目的を、哲学の面白さを皆さんに知ってもらうことだとしよう。そして、それがうまく行けば、こうした文章を書いた意味もあったことになると考えたとしよう。それでは、結果として、哲学の面白さを皆さんにうまく知ってもらえなかったとしたら、どうなるのだろう。「今、自分がこうして書いていること」も無意味であり、無駄なことになってしまうのではないか。もちろん、うまく行くこともあるかもしれない。しかし、もくろみ通りいかないこともある。いや、むしろその場合の方が多いのではないか。

考えてみれば、「今、私が書いていることに何か目的や意味があるのではないか」と探すということは、意味があることとないこととを分けていることだ。「今、書いていること」に意味や目的を付けるということは、その目的を達成できなければ、「今、書いていること」も意味がない、無駄な時間を過ごすことになる、と考えるということだ。つまり、「あることに意味を見出す」ということは、「他のあることには意味がない（無駄だ）と考える」ということだ。

「自分は画家になりたい」という生きがいを持って生きてきた中で、結局、画家になれなかったとしたら、人生は「意味がない」「無駄だ」「虚しい」ということになるのだろうか。もちろん、そう感じられることもあるだろう。しかし、「画家になる」ということには固有の意味があるけれども、私が「画家になれなかった」ということにも固有の意味はある。画家になれなかったこと、それはもちろん悲痛なことであり、挫折の苦しみも経験する。しかし、画家にはなれないとしても、画家になれない人生にも、画家になった人生には決して実現できない、それ固有の意味や意義があるだろう。ここでは、哀しみや挫折も将来の成功という目的の役に立つ、というような綺麗事《きれいごと》を言いたいのではない。そのような綺麗事で、つらい出来事に「目的」や「意味」を付ければ、意味を求める空回りの中で、かえって苦しみを増長させるかもしれない。そうではなくて、哀しむこと、挫折することは、他の何かの役に立つからではなく、ただそれが代わりのきかない固有のことであるからこそ、そこにしかない、かけがえのない価値がある、と言いたいのだ。

（2）

そう考えると、実は、一つひとつの出来事全てが重要であるということになってくる。生きることの目的や意味を探し求めるのをやめること。それが徹底されると、かえって逆説的にも、「どの出来事にもそれ固有の意味があるのだ」、「今この出来事がかけがえのない意味を持っているのだ」ということが言えるようになるのだ。

しかし、そうした徹底のないところで、単に今こうしていることに意味や目的を求めるということは、特定の出来事に強く意味を求めることになる。それは、逆に他の特定の出来事にはその固有の価値を認めない、それも今の自分の価値観からそうする、ということになる。その立場に立つ限り、「今、この文章を書いていることに意味がある」と言えば言うほど、今、この文章を書いていることに対して直接役立っていない、あるいは邪魔になっているように思われることは、すべて必要ないこと、意味がないことに思われてきてしまう。ましてや体調が悪くなって、いわゆる「意味のあること」ができなくなれば、人生の出来事を何も肯定できなくなってしまう。

人間は望んだことをいつもできるわけではない。一度、目的や意味への問いを手放さなければ、生きる力が挫《くじ》けてしまうのも当たり前のことではないか。実際には、できるということとできないということとのそれぞれに、それぞれの意味があるのではないか。人間というのは、おそらくそれに気づくことで、初めて根本的に「生きる」ことができる、「生きることの力」を得ることができるのではないか。そこから離れていると、「人生の虚しさ」を感じて生きづらくなり、生きることに疲れてしまうということも当然、起こるだろう。

おわりに

生きることの意味を探し求めることの背後には、特定のことにその固有の意義や価値を認め、他には認めないという態度がある。そのことに大きな難点があるのではないか。その限りでは、生きることは目的でもないし、その意味を求めるべきものでもないのだ。不思議な言い方かもしれないが、だからこそ、生きることにおいて、「今この出来事がかけがえのない固有の意味を持っている」と感じられるようになるのだ。そして、この文章の一番の要点は、この不思議な構造を解きほぐすことにあったのだ。

私は、生きることの力を得る、と先に書いた。それは正確ではないかもしれない。生きる力は、その目的や意味を求めることをやめるときに、大仰なことではなく、ごく自然な仕方で湧いてくる、ないしは働き出すのではないだろうか。それは、生きる苦しみの中で生きる力を失うということに対して、それをも乗り越えていく力を持つ「自由」を手にすることだ、と言ってもいいだろう。

2

死について

村上喜良

死を巡るさまざまな問題

「死について」というタイトルを見て、何が連想されますか。ちまたで流《は》行《や》っている終活、あるいは以前から久しく言われている死の準備教育（death education）、さらには尊厳死（death with dignity）、スピリチュアル・ケア（spiritual care）やグリーフ・ケア（grief care）などでしょうか。

終活は遺産や葬式、お墓のことを死ぬ前に自分で決めて、周りに迷惑をかけないで、自分の思うとおりに人生を締めくくろうとする外面的な活動のことです。

そして、終活がさらに内面化されたのが、死を迎える準備教育です。死に臨んで穏やかに死を受け入れ、この世から静かに去り行くための心の準備をすることです。

さらに尊厳死は、高度医療技術の進歩が可能とする終末期における無駄な治療や延命措置を拒否し、自らの尊厳のために死を選択することです。しかし、死の選択が自己決定権に属するのかどうか、尊厳死は生命の尊厳（ＳＯＬ＝Sanctity of Life）を侵害するのではないかと、その是非を巡って激しい論争が近年再び起きています。

日本は世界史上類のない超高齢化社会を向かえ、家族の死を自宅で看取ることが公に推奨されるようになりました。それに応じて自宅で看取る際の心の準備をケアするスピリチュアル・ケアや、看取ったあとの深い悲しみをケアするグリーフ・ケアの重要性が主張されています。今では、多くの大学がグリーフ・ケアに関する講座を設け、医療や福祉関係者だけでなく、一般の人々の受講者は年々増加していると聞きます。

以上は、すべて死に関する非常に重要で切迫した問題群です。しかし、何か重要なことが問われていないままです。これらは死を巡る問題群であって、死そのものが問いの主題とはなっていません。周辺問題が先に問われ、中心問題が不問にされているのは、おかしなことではないでしょうか。

そこで、以下ではハイデガーという哲学者の『存在と時間』における死の分析を援用しながら、死とは何か、という問題に迫ってみたいと思います。

死はどこにあるのか？

死はそれほど異常なことではなく、私たちは日常的に死を見聞きしています。老死や病死、不慮の事故死、戦争による死、飢饉や貧困による餓死と、新聞やテレビが、さまざまな人々の死を毎日報じています。家族や親戚、あるいは友人や近所の方の死に出会うこともあります。

さらには、人間だけでなく、家族同様のペットの死にも、動物や植物の死にも出会っています。地球規模の環境でいえば、ある種の動物や植物の絶滅が危惧され、その保護が訴えられます。

このように死は日常のどこにでもあります。そして、死ということで共通に理解されているのは、その生命体が死によって終わるということ、そして生命体である私もいつか死によって終わりを迎えるということです。

しかも、この終わりは一時的なものでなく、絶対的な終わりとして理解されています。そうでなければ、大切な人の死をこころが引き裂かれるほどに嘆き悲しむ必要はなく、また絶滅危惧種の保護を声高に主張する必然性もないでしょう。

しかし、この死の絶対的な終末性は、死後の世界や復活を認めるならば、意味がなくなるという考えもあるかもしれません。しかし、筆者はそのようには考えません。たとえ死後の世界や復活があるとしても、死の絶対的な終末性は、死から取り去ることが可能な付帯的な性質ではなく、むしろ取り外しのきかない自体的な性質なのです。その理由は、死後世界や復活があるにしても、ないにしても、この世における今生きている生命・生活は死をもって間違いなく終わるからです。

では、人間とその他の生命体は同じ意味で、この終末としての死を死ぬのでしょうか。ハイデガーは両者の死は異なると断固主張します。筆者は、現代の生命医学や脳科学の成果を考慮すると、そこまで果敢に主張することはできません。おそらく、人も動物も植物も、生命体は生物・医学的な事実として絶命するのは間違いないでしょう。しかし、問題の焦点を、死の生物・医学的な事実性にでなく、人間存在の生きる意味に絞《しぼ》るなら、筆者はハイデガー同様に、人間は単に絶命することはないと考えます。

というのは、人間だけが自らが死すべき存在であることを知っているからです。しかし、この知識は、知ろうとすることを自分から切り離して自分の前に置いて、それをそらぞらしく観察して知る、ということではありません。人間は自分と周りの物事を気遣いつつ生きています。自分が死すべき存在であることを何らかの仕方で気遣いつつ生きているのです。

ハイデガーの言葉を用いるなら、「現存在」は死に臨む存在可能性を実存しているのです。哲学的な術語を用いないで、次のように言い換えることもできます。人間は生まれたときから死を内に含んで生きている、と。したがって、人間にとって死は自己の内にあり、自己の内からやってくるのです。この意味で、人間の死は内在的で必然的なのです。

確かに、先にあげたように、老死・病死・事故死という言葉からすれば、死は老い・病気・事故という外のものを原因として襲ってくるように見えますが、それは人間とその死をあくまでも生物・医学的事実面から把握しているからでしょう。

それに対して、他の生命体は自らが死ぬことを知らず、死の可能性を生きているのではありません。この意味で、他の生命体において死は、その生命体の外にあり、死は外から降りかかってくるものなのです。死は外在的で、ある意味で、その生命体自身にとって偶然の驚異的な出来事なのです。

自己の内なる死の特徴とそれを隠蔽する世間の構造

ハイデガーの『存在と時間』によれば、死とは実存の存在可能であり、存在可能の死には次のような根本的特徴があると述べられています。

第一に、死は代理可能なものではなく、あくまでも自己の存在可能性であるということ。誰かの身代わりに死ぬとしても、結局、その人は自分の死を死んだのであり、身代わりになった人の死を、その人から取り去ったわけではないのです。人間はただ己の死を死ぬのみです。したがって、死はもっとも他人事でない自分の存在可能なのです。

第二に、人間は自分の代理不可能な死に臨んで、他の人たちとの意味連関が絶たれ、係累のない可能性の前に立たされるということ。言い換えれば、死を前にして完全に孤独になるということでしょう。

第三に、死は自分にとって絶対的に必然な終わりであるのだから、それはもっとも極端な可能性であり、決して経験し得ない追い越すことの出来ない可能性なのです。

しかも、第四に、死は確実に訪れるが、それがいつかは不確かな可能性なのです。

もし、ハイデガーが分析したように、死が以上の根本特徴を持っているとするなら、どうして私たちは日頃、死という存在可能性に気づかないのでしょうか。死に臨んで生きることが、自分の生きる最大の可能性であり課題であるとするなら、なぜ、死について思いを馳《は》せないのでしょうか。

それは、死を生きるという重荷に、人間は耐えられないからです。だから、死を生きるという課題を忘却し、しかも死を事実的な脅威として恐れ、その恐怖から逃れようと必死なのです。しかし、その必死さは自分自身には分かっていません。世間の全員が、人間の死すべき存在可能に対して巧妙な隠蔽工作をしているからです。

　では、そのように死を隠蔽する世間という世界は、どのような構造をしているのでしょうか。

　世間的な世界は、群集にすぎない大衆が過去を常に忘却し、曖昧な未来の可能性を予期し、今を表面的に配慮して生きていけるような意味連関によって構築されています。つまり、つかの間の成功や幸福、忙しさという充実、多忙からの一時の解放としての自由、自己満足に過ぎないものとしての絆や優しさや愛など、本物ではないものを本物であるかのように、そしてそれがいつまでも続くかのように、それが人生の意味であると、世間的な世界は人々に思わせる構造を持っているのです。

　このような意味構造のなかで、世間の人々は死に関してこうつぶやきます。「人は死ぬものだ、しかし今は自分ではない」。こうささやきあうことで、世間の人々は、自己が不可能になる究極の可能性である死の切迫感や重荷から一時の解放を感じるのです。すなわち世間的な世界では、そこでの人生の意味からすれば、自己の究極の可能性である死は意味の外に置かれます。ましてや死に関して大きな声で語ろうとすることは、日常の場に相応《ふさわ》しくない失礼なこととして拒絶されるのです。

まとめると、自己はその世間的な意味世界に落ち込んで、ただ忙しさと自己満足に振り回されている人生を、充実した人生であると思い込んでいるのです。本当は、死を忘却し、自己自身を喪失した非本来的な生き方なのですが、世間はそれを高く評価するのです。このように世間的な世界に頽落しているのが、私たちの日常的で非本来的な在《あ》り方なのです。

世間的配慮としての死を巡るケア

ここで少し筆者の考えを述べておきます。

まずは終活についてですが、ほとんどの場合、自己の死に対する世間的な配慮なのではないでしょうか。そこで想定されている死は、生物・医学的な死です。このような死は自己の存在可能の外にあり、突然に外から降りかかってくる偶然の悲劇と捉えられています。そして、その外的な不慮の死に世間的にあらかじめ対処しようとしているのです。このような終活の流行もまた、世間的世界が自己の内なる死を隠蔽する構造の現われではないかと、筆者には思えます。

同じことは、死の準備教育やスピリチュアル・ケアやグリーフ・ケアにも、ときには見られるのではないでしょうか。死の準備教育とスピリチュアル・ケアは死に臨んでいる他者の存在可能を、グリーフ・ケアは大切な人の死に臨んでいる他者の存在可能を、どれもが表面的ではなくスピリチュアルな深みでケアすることでしょう。

しかし、そこでは、死が外から襲来する悲惨な出来事として見積もられ、世間的に配慮されるだけのケアになっていることが、あるのではないでしょうか。さらに、ケアする側の内なる死の存在可能の理解から、本来もっとも独自である、それゆえもしかすると到達不可能な、相手の内なる死の理解を、推測して予期して勝手に配慮するということが、起こっているのではないでしょうか。

このように述べたからといって、筆者は、終活が悪いことであり、するべきではないと述べているのではありません。また、現行の死の準備教育やスピリチュアル・ケアやグリーフ・ケアがすべて間違っている、と主張しているわけでもありません。

ただ、内なる死の世間的な配慮とそれによる内なる死の隠蔽に絡み取られないように、注意を喚起しておきたいのです。外なる死のほかに、内なる死の可能性があり、自己の内なる死の存在理解には、他者が最終的には決して踏み込むことのできない大きな限界があるということに、細心の気遣いをしておく必要性があることを述べておきたいのです。

他者が踏み込みえない自己の独自の存在可能が、その人の尊厳を構成し、他者が踏み込みえない自己の内なる死の存在可能こそが、その人の尊厳ある死を構成するのです。だから、見取りにおける問題も尊厳死問題も決して世間的な配慮の範囲内で、たとえば憐れみや同情などの感情や、当然の常識とみなされる生命の尊厳性や、硬直した宗教的ドグマ、さらには医療の限界や医療経済の視点などで論議されてはならないと、筆者は思うのです。

不安のなかで死へと先駆する覚悟性

ハイデガーの話に戻りましょう。どのようにして、私たちは世間的な世界に頽落した自己から脱却し、自らの内なる死に臨む存在可能に気づき、どのようにしてその究極の自己の存在可能の意味を規定して自己自身となる、すなわち死を自覚した本来的な自己となるのでしょうか。

どんなに自分が充実した人生を生きていても、あるいは楽しみに熱中して興じていても、突然に何となく不安になり、今まさに意味を持っていた世界が音もなく崩れ落ちていく感覚に襲われることがあります。世界が実在感を失い、私とは無関係に流れ行く、遠くに映し出された映像に思えてくるのです。皆さんはそんな感覚にとらわれたことはありませんか。

不安によって、自己の内に死があることが開示され、自己の終わりである死に臨む存在可能を、自己は今まさに生きていることに気づかされるのです。このように不安は自己を世間的な世界から連れ出し、世界の意味を無意味にするのです。なんとなく不安である、という表現のなかに、この世間的な世界の意味の無さと、世間的な世界から切り離されて孤立した単独者、あるいは例外者としての自己の無が響いています。

　不安が開示するこの無は、また自由でもあります。なぜなら、不安によって世間的な世界の意味の拘束から解放されるからです。

　不安が開示する無の自由の内にあることは、とても耐え難いことです。そこには意味が無く、死が内面に突き刺さって迫っているのですから。そこで、私たちはすぐにでも世間的な世界へと帰り、世間的意味へと頽落し、そこへ自己を預けてしまいたくなります。この誘惑は避けがたいくらいに魅惑的です。

　しかし、ここで良心の声が、誘惑に負けそうな自己を、死さえも先駆的に覚悟して不安の無の自由の内にとどまるように呼びとめます。良心の声に従う意志を持ち、死へと先駆しつつ不安の無の自由の内にとどまることで、自己に何が生じるのでしょうか。

　日常的な自己は、世界を世間的な意味というある特定の視点から了解し、世界の内に存在しています。しかし、不安の無の自由の内にある自己は世間的な意味から解放されているのですから、世界の意味の可能性は当然大きく広がります。その広がりは意味の空間的な広がりだけにとどまりません。不安の無の自由の内にある自己は、死への先駆の内にもあるのですから、世界の意味は自己の死という究極の可能性にまで、時間的にも広がるのです。

いまや世界は時間的にも空間的にも全体的な可能性の場として、自己がそこで生きる場として、自己の面前に全体的に開示されるのです。そして自己は、日常的自己が自らの生き方の選択を世間に任せきっていたのと違って、死を覚悟しつつ、情熱的にこの全体的な世界の可能性のなかから、みずからの生き方をみずから選択するのです。

ここで注意が必要です。不安の無の自由の内で、自己は世間的な世界と違うどこか別の場所にある世界に移るのではありません。そうではなく、世間的な世界と同じ世界に戻るのです。しかし、同じ世界に舞い戻るとしても、その全体的な可能性の内での世界の受け取りなおしが、死を賭して遂行されているのです。

では、世界の内で死へと先駆した本来的な生き方とは、どのようなものなのでしょうか。

ハイデガーにとって、自己が存在する、あるいは実存するとは、時間的に生きることです。さらに言えば、自己が時間的に生きるとは、自己の時間が熟することです。そこで、時間の観点から死へと先駆した本来的な自己の姿を描写してみましょう。

日常的で非本来的な自己が、自らの意志ではなく投げ込まれた世界の過去を忘却しているのに対して、本来的な自己は世界の歴史を背負い責任をもって反復する覚悟を持っています。非本来的な自己が曖昧な未来の可能性を予期し、表面的に今を配慮して生きているのに対して、本来的な自己は自らの死へと先駆して、死を賭してもやるべきことを選択して、流れる今を凝縮し瞬間化します。本来的な自己の未来は死への先駆であり、過去は反復であり、現在はその未来と過去が凝縮する濃厚な瞬間なのです。

分かりやすくいえば、自己は死ぬ可能性を常に生きており、死を常に覚悟することで、自己の選択すべきことが、世間の内で透けて見えてきて、自己は死を賭してそれを生きることで、人生の流れ去る時が濃密に凝縮され生きる意味を持つ、ということなのでしょう。

死への先駆的覚悟という英雄主義への批判

『存在と時間』に則して、ハイデガーの死生観を紹介してきました。死生観という言葉を用いると、ハイデガー自身、そしてハイデガー研究者から厳しい批判を受けそうです。ハイデガーは、死生観を展開したのではなく、存在論を構築しようとしたのだという批判です。確かにそうなのでしょうが、死生観を基盤にしなければ、そもそも存在論は打ち立てられないので、あえてここでは死生観という次元で進めていきたいと思います。

ハイデガーの死生観に意義を唱えるつもりはありませんが、いくつか気になる点があります。

そのひとつは、死への先駆的覚悟性が持つ英雄主義的な側面です。英雄主義とは、死を賭して何かを全うすること、それが基本的な意味でしょうが、それに加えて、無意味なものでも意味あるかのように考えることと、筆者は規定します。そうすると、ハイデガーの死への先駆的覚悟は、まさにこの英雄主義に当てはまります。

先駆的覚悟は、自己が投げ入れられた世界の過去と、死へと先駆する未来とを現在に引き受けることです。しかし、世界への被投性も死も、どちらもハイデガーにとっては意味の無いものです。無意味であるにもかかわらず、その両者を引き受けて生きるという死生観は、まさに英雄主義です。

意味のないものを意味あるかのように、死を賭して全うすることは、かなり矛盾した行為ではないでしょうか。確かに、英雄主義には人々や当人の魂を鼓舞する何かしら肯定的なものがありますが、本質的には無に貫かれています。そのような生を生きることは、普通は耐え切れないものだと、筆者は思うのです。

もしかすると、普通の人々では耐え切れないから、英雄と見られ、英雄の魂は高揚するのかもしれません。しかし、この肯定感は危ういものです。というのは、結局、全く意味のないことを意味があるかのように扱うことはできないことですし、それを英雄的に続けることは人々を狂信へと誘うからです。

ハイデガーはその危うさにまんまと落ち込んだのだと、筆者には思えます。彼は世界への被投性には根拠が無いと言っていますが、死の先駆的覚悟においては、被投性の世界の歴史は反復すべきものとして肯定されます。そして、その反復すべき過去は、ハイデガーにとっては、ドイツ民族の伝統に置き換えられて、死を賭しても守るべきものとして熱狂的に肯定されてしまうのです。

ここでニーチェにも触れておきたいと思います。おおざっぱに言って、ニーチェはどのようなものにも意味を認めませんが、死を賭しても同じときに同じことを繰り返し選び、その繰り返す運命を愛し、受け入れる超人になることを主張します。つまり永劫回帰と運命愛です。これもハイデガーの死への先駆的覚悟に似た英雄主義に思えます。そして、結局、ニーチェもその重みに耐えかねてしまいました。

また、死の無と被投性の無が現在の生を完全に無化しているとしても、そのことが必ずしも、死の先駆的覚悟や英雄主義を選ばせることになるとは言えないはずです。生と死の無を前にして、ハイデガーの分析した非本来的生き方を選択したとしても、それが本来的な生き方に比べて間違いであるとは、すべてが無なのですから、いかなる根拠を持ってきても言えないと思います。もしかすると、もはやここでは比較の問題でしかないのですが、日常的な楽しみのなかに生きることの方が、死へと先駆して生きるよりは、簡単で、しかも幸福なことかもしれません。

人は死ぬ、だから今を大切に生きなさい、という真面目さが鼻につく厳格主義的な主張も、人は死ぬ、だから今を楽しく生きればいい、という軽率感ただよう快楽主義的な主張も、「人は死ぬ」という前提から共に導かれうることです。どちらか一方のみが必然的に帰結する正しい結論なのではありません。結局、死も被投性も今も無であるなら、何を選んでみたところで、無意味なのです。死を前にして、すべてが虚しく感じるのは、そのことを示しているのでしょう。

再び、死はどこにあるか?

死への先駆も被投性の世界も現在も、すべてが死の不安の無に貫かれているというのが、ハイデガーの思考の原則的な死生観です。しかし、それは本当でしょうか。どこかに意味が無いのでしょうか。死には意味が無いのでしょうか。

死への先駆は不安の無に自己を投げ込み、そこで自己自身に出会わせます。このときに、非常に重要なことが起こるのを、ハイデガーは見過ごしています。

死の不安の無のなかで、自己は自己に出会うとともに、他者の自己に心底から出会うことになります。世間的な表面的関係から切り離された無のなかで、真に他者の自己と自らの自己が心底から関わり、互いの真なる自己の可能性を思いやることが可能となるのです。

そして、ここに内在している死の無とは、この真正な自己相互の慈しみ合うつながりにおいて、必然的に別れの可能性があるということです。この可能性にはふたつのことが含まれます。ひとつは、真正の自己同士の関係性を実際に分かつ可能性が内在していることです。ふたつには、心底からの関係といっても、そこには決して乗り越えられない各自に分かたれた固有の領域が内在しているということです。

この別れという死の可能性ゆえにこそ、このつながりは真正で濃密なものとなり、出会いと慈しみが現在の生に深い凝縮した意味をもたらすのです。つまり、内在する死とは端的な無ではなく、自己相互の真正な現在の生の意味を構成する根源的意味なのです。死にはこのような根源的意味があるのです。

しかし、間違ってはなりません。内在する別れの死は現在の生の濃密化の契機であり、その契機として根源的な意味を持ちますが、やはり意味の究極の焦点は現在の生にあるのです。ある哲学者が、愛の究極の表現は、僕（私）は君（あなた）を死なせはしない、と言うことであると述べていましたが、その通りだと思います。やはり、死ではなく生が意味の焦点なのです。

死を考えることとは、生を充実することだ、とよく言われます。この言葉も、以上のように死が生の充実化の契機であるとの意味で捉えられるなら、正しいと思います。しかし、一般に次のように捉えられているようです。死は外的に襲ってくるものであり、その不慮の死に対して備えようと現在の生を整えることである、と。

終活の話に戻りますが、終活とは大抵の場合、現在の生を整える活動です。しかし、そのような表層的な終活であるなら、自己は愛する人との大切な別れも、その悲しみも愛おしさも、十全に味わうことはなく、やがて過去へと忘れ去られていきます。

死の不安の無のなかで、別れを内在する真正な自己の交わりが成立するなら、この関係性のなかで、世界の構造も、世界の被投性も、ハイデガーとは違った様相で見えてきます。

ハイデガーによれば、世界の構造は最終的には自分のためにあるという意味の連関です。しかし、真正な自己の交わりでは、世界は相互に生を慈しむという意味の連関となります。

また、彼によれば、世界の被投性は無根拠であり無意味であり、端的に、無です。しかし、真正な自己の交わりでは、互いの被投性、すなわち互いが慈しんできた過去は大切な意味のあるものです。それをさかのぼれば、真正な自己は、無根拠にこの世界に投げ込まれたわけではありません。両親の愛の実りとして世界に贈られた尊いものなのです。その意味で、愛の被投性は反復されるべきものです。

そして、ハイデガーにとって、死への先駆とは自己の不可能性への可能性、すなわち終わりなのですが、愛の被投性の反復は未来に受け渡され、愛は終わりを迎えることはないのです。さらには、次のようにも言えるでしょう。慈しみ合った自己が実際の死でもって分かたれるとき、真正にその別れを生きるなら、そこにあった愛はむしろ消え去ることはないのです。愛する死者との語らいは続き、語り継がれます。

　もうひとつハイデガーが見落としていた重要な点に触れたいと思います。ハイデガーによれば、死はもっとも他人事ではない自己の最大の関心事です。死が代理不可能だからです。しかし、それは身代わりに死ぬという現象を十全に捉えていないと、筆者には思えます。

　身代わりになった人にとって自分の死は、確かに重大な自己の関心事ではあったのでしょうが、最大の関心事ではなかったのです。最大の関心事は自己の死ではなく、愛する人の死だったはずです。それゆえ、死は自己に内在しつつも、実は最愛の人との真の交わりの内にもあるのです。いわば、死は自己と最愛の人の間にあるのです。そして、よくよく考えてみれば、最大の関心事は、愛する人の死ではなく、愛する人の生にあったのです。やはり、死ではなく生が、孤立した自己ではなく愛し合う自己が、意味の根源なのです。

語り残したこと

万華鏡のように、死はさまざまな姿をみせます。罪と孤独と死、不死や死後世界のことなど、語り残したことはあまりにも多く、語られたことも充分に練られているとは言えません。これが今の筆者の限界なのでしょう。それでも、ここで語ったことが、皆さんが死について考える際の道標になれば、とても嬉しいことです。

[付記]本稿は立正大学大学院文学研究科「紀要」第三一号に掲載された「オンティッシュな死からオントロギッシュな死へ」という論考を構想しているなかで生まれてきたものです。もし本稿に少しでも関心を持っていただけたなら、この論考でもう少し詳細な論述をしましたので、ご参考までに読んでいただければと思います。

3

「生きていること」を見つめて

田坂さつき

はじめに

最近、新型出生前診断がニュースで取り上げられている。胎児に特定の障がいがある可能性を診断する精度が上がったという。そして、障がいがある可能性が高いという理由で中絶することの是非が議論されている。現在の技術では、胎児だけでなく、妊婦自身の病気などについても、血液などから遺伝子診断を行うことができる。遺伝性の乳癌だと診断された女優アンジェリーナ・ジョリーが、まだ癌を発症していないのに乳房を摘出した、ということも報じられた。遺伝子診断は早期発見早期治療ということを目指して開発されたものだったが、将来発症するリスクを考えて、まだ健康に生きているのに、癌が発症する可能性がある部分を切除するという選択がなされたのだ。選択的中絶も、生きている胎児がかかえる将来のリスクを考慮して中絶するという意味では同種の選択である。

治療法がまだ発見されていないＡＬＳ（筋萎縮性側索硬化症）という病について

も、テレビドラマやアイスバケツチャレンジなどを通して話題になっている。ALSは神経性難病で、身体の機能低下が徐々に進むと、全身麻痺となるが、意識や思考力は全く衰えない病である。したがって気管切開や経管栄養、そして人工呼吸器装着などの、医療措置の選択が問題になってくる。数年かけて徐々に病が進行するなか、この種の延命措置を受けるか、あるいは拒否していわゆる尊厳死を選択するのか、ALS患者は生きている間にその過酷な選択を迫られるという。

医療技術が進歩した現代、科学技術が人間の生を操作できるようになり、マスコミなどの報道から、生命倫理の問題は身近に感じられるようになっている。生命操作を当事者以外の人が行うのは、他者が命を奪う可能性を拓くという点で倫理的には問題がある。だから当事者本人の意思が最も重要だといわれるが、患者本人あるいは妊婦の意思による選択だったら倫理的な問題がないというわけではない。どちらも他者の手で、生きている人あるいは胎児の命が失われるという事態であることには変わりない。

近年、そのような場面に遭遇した時に慌てないように、「事前によく考えておいてください、家族とはよく相談しておいてください」とよく言われる。そして、死について語ったり考えたりすることをタブー視せずに、小さいうちから死の準備教育をすべきだ、それも家庭ではなかなか難しいので学校で、と言われる。しかし、病の症状や医療措置についてよく知らない子どもが、自分が年をとったら周りに介護で迷惑をかけたくないから延命しないと考えたとしても、現実とは程遠い想像でしかない。医療や介護の状況は変わるだろうし、子どもたちも歳を重ねて全く別の考えを持つこともあるだろう。そして、他人ごとではなく「我がこと」として問題に直面すれば、本人でしかわからない不安や恐れや怒りなどの感情も伴うだろう。その思索の内側には、家族であれ、教師であれ入り込めない。事前に考えておくといっても、当事者の思索のいわば外側から、おそらく現実とはかけ離れた想像のもとで考えることになってしまう。

三人称と二人称、そして一人称

ソクラテス*1は次のように言う。

「実際、だれ一人として死というものを知らない」（『ソクラテスの弁明』二九a六―七）、そしてそれにもかかわらず、死が最大の害悪であると知っているかのように死を恐れるものは、知らないものを知っていると思う「無知」に気づかない恥ずべき状態だと*2。

だれ一人として死を知らないとはどういうことだろうか。戦争・紛争や災害で多くの人が亡くなったという報道に私たちは毎日のように接している。このような報道から、私たちは死を事実として知っていると思う。これらは、他人の死、私以外の誰かの死、つまり、「我がこととしての死（一人称の死）」ではなく「他人ごととしての死（三人称の死）」である*3。たとえそれが、まったくの他人とは言えない親兄弟などの家族を看取る場面であっても、私たちが触れられるのは、他人が死にゆく様である。脳死判定も、身体の観察可能な兆候だけで判定しているに過ぎない。ソクラテスが「だれ一人知らない」というその「死」は、他人の死を観察して得られる知ではない。そのような知であれば、私たちはすでに持っている。

ソクラテスが言うのは、必ず自分にも訪れる死、その時はじめて「我がこと」

＊1　古代ギリシャの哲学者。紀元前 399 年に不敬罪で刑死した記録がある。著書はないが、哲学の創始者ともいわれる。当時のアテナイの人々と、正義や美や善、あるいは徳などの倫理的な価値と関わるテーマで問答をしたとされる。

＊2　プラトン『ソクラテスの弁明』29a6 〜 b1 を参照。

＊3　死の人称性については、V. ジャンケレヴィッチ『死』みすず書房、1978 年、24 頁 136 頁を参照。

となる「一人称の死」である。他人の死を観察しても、このような意味で、死が何であるかについてはわからない。私たちはそれが訪れることを恐れる。この恐れは、「他人ごととしての死」の観察を介して、「我がこととしての死」をいつか自分も経験することは避けられないと思い、死が最大の害悪だと思うことから生じる。つまり、「他人ごととしての死」が「我がこととしての死」へと地続きであると考えると、私たちが知らない「我がこととしての死」への不安が切実になる。だからこそ、それを考えることを避けたくなる。

しかし哲学はそこを見つめる。そこに私たちが向き合うべき問題があるからだ。人は必ず年をとり身体的にも精神的にも衰えていく。乳児から幼児へとたどった成長の過程をいわば逆にたどり、多かれ少なかれ、高齢になると介護が必要になる。病や事故によって、その時期が早まることもある。その先にある「我がこととしての死」に至る前に、介護が必要になる自分がいる。ところが、このことは加齢に伴う事実であるにもかかわらず、私たちは日々の忙しさを理由に、想像することを避ける。健康な身体で暮らす、いわゆる健常者の毎日がずっと続くような幻想の中にいたい。これは障がいのある可能性がある胎児の場合も、人工呼吸器や経管栄養に頼ることになる将来の自分の場合も同様である。

その根本には自分のアイデンティティの問題がある。つまり、身体的にあるいは知的に障がいある人に自分がなる、ということを受け入れることが難しいのである。そうなると、自分が老いや病をいかに生きるか、ではなくて、どうやって事前に回避できるかを考える。家族介護に加えて障がいのある子どもの養育にしり込みする若い夫婦が、障がいがある子どもはできれば避けたいと思うのも、おそらく根は同じである。障がいや病の受容は、生命倫理に関わる自己決定の内側に潜む問題なのである。

それゆえ、若いうちから「我がこととしての死」を考えて、それについて授業で話し合う時、また別の問題が浮上する。当事者の実情を知らない「三人称」の想像は、かえって「一人称」との溝を深めることになりかねない。自分あるいは家族がそのような問題に直面していない場合は、結局は他人事、つまり三人称という視点からこの問題を考える。家族に経済的な負担をかけてまで延命することが本当にいいのか、人の役に立つなら臓器を提供する方がいいのではないか、正直に言えば、病も障がいもそれにまつわる苦労はできるだけ背負い込みたくないし、自分だって将来そんな形で他人に迷惑をかけたくない。障がいのある子どもを産んだ母親、尊厳死を選ばなかったＡＬＳ患者に対して、どうして回避できるのにあえて苦労を選んだのか自分にはわからない。当事者の実情をよく知らない三人称のこのような思いが、授業という教育の場で相互に確認される。自分だったら、絶対に延命せず尊厳死する、と将来を想像して「一人称」で意思表明する学生もいる。しかしもし、ＡＬＳや障がいのある人がその場にいたら、多くの学生は口をつぐむか、少なくともそのような相互確認を行わないだろう。

実際、大学の授業で尊厳死を話題にする時、親や祖父母など親しい二人称の問題を捉えている学生は必ずいる。日本は他国に類を見ない高齢者社会で、経管栄養・気管切開・人工呼吸器は、市民から縁遠い医療措置ではない。障がいのある人たちは介護保険法や療育制度などを活用して、地域社会で今も「生きている」のである。社会福祉の施策は地域により異なり、十分知られていないこともあるが、家族が経済的にも人的にもすべてを背負い込むという事態を避けるために、十分とはいえないものの制度は改革され、その制度の中で今も多くの人が生きている。

医療の中で生きている肉親に対して、本人の意思が不明だったので、家族が延命措置をしない決断をした、その時の判断の是非を問い続け、悩んでいる学生が複数いた。彼らはその時、障がいや病とともに「生きている」ことを一人称あるいは二人称で見つめて、哲学の問題と向き合っているのだ。しかし、彼らは自らをマイノリティーと見なし、事態を勝手に想像してなされる三人称の発言に傷ついてしまう。多くの場合、彼らはおそらく黙っている。現状の理解不足による想像を批判したり、障がいや病とともに「生きている」人から見てこのような議論が耐えがたいことを熱く語ったりはしない。どうしてなのか。

実は、そこにはまた別の問題がある。自分で決めること（自己決定）の裏側には自己責任というものが潜んでいる。個々の決断は個人的なことであり、自分の決断が招いた事態に対して、その結果は自分だけで背負わなければならない。これは介護を受けて生きる生活を困難に受け止める風潮を生むだけでなく、この種の決断に対する迷いや苦しさ、あるいは後悔の言葉をも封じてしまう。

しかし老いや病は、他者の介護を受けなければ生き長らえることができない状況であり、本来、自己責任で解決できる問題ではない。また、老いや病はだれにでも起こりうることで、それをどのように回避するか、あるいは乗り越えるかは、共通の関心事である。生きている人の命に関わる決断なので当然迷いがある。後悔する可能性も高い。当初考えていたのと別の決断をする人もいる。その時実際にどのように思い、どのように考えるのか、この現場を知らないと問題の本質は見えてこない。

人は、生命倫理問題を三人称で抽象的に考えるのではなくて、一人称の自分、あるいは二人称の家族が「生きていること」を見つめながら、その都度決断している。実際に経験した人が、一人称あるいは二人称の視点から話をしてくれれば、想像の上でしか捉えられなかった事態を実情に則した形で認識できる。個の中に閉じ込められた言葉が対話へと開かれて、共に考える場が成立する。そして、一人称あるいは二人称で「生きていること」を見つめる人たちと対話することによって、私たちは「我がこととして」考えはじめることができる。

このように、生命倫理の現場に身を置く人との交わりと対話から始まる哲学は「臨床哲学」と言われる。誰しも死へと向かう生を今生きている。生きていることの終わりが死である。死だけを考えるのではなく、病や障がいのために、健常と言われる人とは異なった身体を持つ人たちが、今をどのように生きているかを知ることが重要である。誰もがその道を通って、やがて老い、病を受けいれて生を全うするのだ。

当事者の講演から

毎年「倫理学の基本諸問題」という授業では、ＡＬＳ患者の舩後靖彦《ふなごやすひこ》さんに、尊厳死の問題を一人称の視点から語る講演をお願いしている。舩後さんはＡＬＳを告知された時に、呼吸器を付けずに人生を全うする尊厳死を決断したが、その後意思が変わる。当初はビジネスマンとしてやりがいのある仕事を失ったこと、そして家族に介護負担をかけることが、尊厳死を決断する主な理由だった。しかし、同じＡＬＳ患者の相談に乗るピアサポートという仕事に生きがいを感じたことに加えて、施設に入所する見通しが立ち家族に介護負担をかけずに生活する道が開かれた。このことが尊厳死を回避した理由だと考えていたそうだ。ところがよく考えてみるとそれだけではない。母親に「私が介護しますから呼吸器を付けて生きて下さい」と何度も言われて、親よりも先に生を断つことに迷いが生じた時に、これまで自分でもわからなかった「生きたい」という願望に気づいたからだという。「生きたい」という願望を押し殺すほど、職を失うことや家族への介護負担をかけることは大きかった。その後、主治医の「何かで稼ぎなさい」という言葉に促されて、大学の非常勤講師や非常勤助手、そして老人施設を経営するアース株式会社の副社長という職に就き、精力的な活動をしている。全身麻痺で言葉が全く話せないにもかかわらず、噛むセンサーでパソコンを操り難病者へのメールによるピアサポートを日々行うだけでなく、大学や公民館で行う講演原稿の執筆や、短歌やエッセイ、童話の創作なども行う*4。

しかし副社長就任という社会的な成功の陰で、舩後さんは様々な困難に直面してきた。数知れないほどの身体あるいは言葉による虐待を経験し、抗議の自死を決意したこともあったそうだ。その背景には、障がいがある人が働く場が少ないという事情や、家族が介護負担を負うという社会のありかた、それから社会における病や障害に対する無知や偏見に起因するものもある。これらは誰にとっても

「生きにくい社会」を構成している要因であり、それを改善することは、私たちが直面している高齢化社会の「生きやすさ」へと近づく可能性を拓くことになる。これは自分が障がい者であるからこそ気づけたことなので、一緒に社会を変えましょう、と声を上げて、市議会議員に立候補した。初回は残念ながら落選したが、志は変わらない。

舩後さんがパソコンの音声機能を通して目の前で語るインパクトは大きい。講演を聴く学生の中には、ALSという過酷な病を告知された舩後さんが理不尽な困難を乗り越えて生き抜く姿に感動して涙を流す人もいる。このような困難に立ち向かい生きようとする姿と、健康で不自由のない大学生活を送りながらも頑張れない自分を比較して肩を落とす人もいる。呼吸器を装着せずに尊厳死を選んだ家族や親戚をもつ人もいる。舩後さんと自分の家族を比べて色々な思いが駆け巡る。それは自分自身を見つめる一人称の思索だろう。しかしここから二人称の対話がはじまるかというと、そう簡単ではない。大教室での講義は、手を上げて質問する勇気ある学生は少ない。舩後さんとの出会いによって自分の中に駆け巡った思索は、その場かぎりの特別な体験として閉じてしまう。

＊4　著書に『しあわせの王様』小学館、2008年、『三つ子になった雲』日本地域社会研究所、2012年、他がある。

舩後さんの講演は冗談混じりで笑いが絶えない。学生との距離を縮める工夫をされている。しかし講演が終わり時間が経つと舩後さんから距離をとり、日常に戻る。その方が、舩後さんが提起した問題と向き合うよりははるかに容易だ。特殊な経験をした近寄りがたい英雄、というレッテルを張ってピリオドを打ってしまえば、問題を外側から見て終わりにできる。視点は三人称に戻ってしまう。

おそらく年一回の講演という形態が、患者を英雄視したくなる要因の一つだろう。年間を通して対話を継続する授業を行えば、回を重ねるごとに講師が特殊な存在でないことを体感できる。さらに、舩後さん以外のＡＬＳ患者との対話が実現すれば、舩後さんを特別視することはないだろう。だが実際は、呼吸器を装着して大学で講演できるＡＬＳ患者は少ない。

そこで、インターネットを活用して、ベッドサイドから複数の患者の意見を聞く授業を考えた。教室の中で簡単にスカイプなどの通信環境を整え、舩後さんの講演の時には、必ず遠隔地の患者とインターネットを通して対話する。映像や講演内容へのコメントや感想が遠隔地から寄せられると、直面している困難の実像が立体的にみえてくる。通信の回を重ねるごとに、二人称の関係性が徐々に構築される。次の課題は、生命倫理の問題を議論する対話を拓くことである。これをわたしたちは「哲学対話」と呼んでいる。

尊厳死についての哲学対話

舩後さんの講演は、哲学科では主に一年生か二年生が履修する授業内で行う。三年生になると、生命倫理に関する文献講読の演習を行う。そして四年生になり、私のゼミで生命倫理をテーマとする卒業論文を書く学生は、難病患者や障がいの重い人たちの臨床現場に足を運び、哲学対話を体験する。両親や祖父母の延命治療について、家族で悩んだ末に決断したがそれが本当に良かったのかと今でも深刻に悩み前に進めない、これを卒業論文のテーマにしたい、という学生も複数いた。

四年生のゼミでは、関西のALS技術ピアサポータの久住純司さんと半期に数回授業内でスカイプ通信をしている。そして、夏休みには大阪大学臨床哲学研究室の協力を得て、久住さんを囲んで哲学対話をしてきた。和歌山では、ALS近畿ブロックの和中勝三さんご夫妻と林静哉さんご夫妻と対面交流をした。そこでは尊厳死がテーマとなることがほとんどだった。

ALSの患者は、告知を受けると病のゆっくりした進行を見つめながら、尊厳死か延命かを我がこととして判断する。尊厳死は、生きている自分の命を終わらせる、という過酷な決断を迫ることである。和中さんも林さんも呼吸器を着けずに人生を全うすると決めていたが、その決心を変えた。

和中さんは呼吸困難に襲われ幻覚を見るようになると、死にたくない、生きていたい、と思うようになったという。その後、意思伝達装置やインターネットを活用してコミュニケーションを図り、寝たきりでも家族や同病者の相談相手になれる。「毎日が楽しく、死ぬのがもったいない」という。和中さんは一昨年亡くなられたが、ずっと尊厳死反対を唱えていた。

林さんは、延命への選択を悩みながら乗り越えていったという。妻に頼まれて、子どもの成長を見守ろうと約束して、気管切開をした。その後コミュニケーションが難しくなり、辛い日々が続いたそうだ。そんな中で、和中さんと出会い、久住さんがパソコンを使える環境を整え、多くのメル友やフェイスブック仲間とつながることができた。奥さんも今は本当に幸せだと言う。林さんは「何でも、一度決めたことは後悔しない。その後辛いことがあっても、きっとそれは乗り越えられる」という。

尊厳死をめぐる哲学対話の途中で、学生が感極まって涙が止まらなくなったことがあった。話の内容に感動したのではない。林さんは学生たちを自分の家に招いてくれる。ALSだからといって、呼吸器をつけているからといって、特別なお宅ではなかった。ごくごく普通の家庭である。対面交流の時も学生たちの質問に率直に答えてくれる。そのような二人称の関係の中に招いてもらえたことに感動したという。「私は今ここにいるだけでいい、それだけでいい」と学生は言った。同じ言葉を、久住さんからも聞いたことがある。哲学対話はそのような場を拓く。このような場こそが重要なのだ。

胎児の命についての哲学対話

さらに四年生のゼミの学生は、千葉在住の舩後さんを半期に数回訪問している。そこで、生命倫理に関わる様々な問題について哲学対話を行ってきた。

哲学科には女子学生も多く、私よりも遥かに若い時期に出産や介護を経験して、生命倫理の問題と向き合っている学生もいた。彼女は、若くして結婚しその後流産という辛い経験をした。妊娠初期の出来事だったので、死亡届も出さなくていいと言われたそうだ。「自分の中には確かにいのちが宿っていたのに、お墓も作らず、供養をするところまでいかないいのちって何だったんだろう」という疑問が、自分の体内で生の営みを終えた小さないのちを大切に思う気持ちと重なり、彼女は「いつから人間になるのか」という問いと向き合うようになる。

彼女は講義や文献を通して、人間の始まりをどう考えるかという哲学者の学説を勉強した。受精の瞬間から人間とするカトリックの立場や、自己意識を持ったときとするパーソン論。さらに、中絶に関する法律が国によって違い、たとえばイギリスでは臨月まで中絶が認められることも知る。しかし、彼女は学説や論争を整理するだけの研究では不満で、私のゼミへの所属を希望した。

彼女は舩後さんの自宅を訪ねた。大学で毎年行われる舩後さんの講演に彼女は出席していたが、対話の機会はなかった。何回目かの訪問で、自分の辛い経験を話し、「私のお腹の中で動いていたあの子は何だったのでしょうか」と舩後さんに問う。舩後さんは全身が麻痺しているので、五十音が書かれた透明の文字盤に書かれた文字を視線で追い、介護者がその文字を読み取って対話する。舩後さんはその問いに次のように答えた。「あなたは超音波でお腹の中の映像を見て感動したのですよね」「そこにいのちがあって、あなた自身がいのちを育んでいて感動したでしょう」「小さいいのちとか、障がいのある人、私のような人間も、人を感動させるという形で社会に貢献しているのです。障がい者は、生きることで人を感動させることができる存在なのです」「いのちとは人に感動を与えるものなのです」と舩後さんは言う。

それを聞いて彼女は号泣した。「確かにあのとき、いのちがあった。そしていのちは人を感動させる」。それが実感できたのだろう。いのちに何か価値が加えられて、たとえば、ものすごく数学ができたり、走るのが速かったりするから人を感動させるのではない。「生きていること」に、「いのちそのもの」に価値があるということを舩後さんが教えてくれた。

舩後さんは難病を生き抜く中で自分のいのちと向き合い、彼女が直面している哲学の難問に答えた。彼女は舩後さんのこの言葉を手がかりに、これまでに学んだ哲学者の思想を自分の視点から考察し、超音波映像での胎児との出会いは、胎児のいのちの「軌跡」の一部を確認したことと解するようになった。彼女は、超音波映像で見た胎児の姿は「生きている軌跡」だと考えた。われわれは、「生きている」ということに連続的に常に触れられないが、それを実感する瞬間がある。自分であれ他者であれ、「生きている」生全体をその軌跡をたどって、その人を知ろうとしている、と彼女は言う。彼女は卒業論文で、自分自身の哲学の言葉を紡ぎ出し「いのち」について論じた。彼女は今、舩後さんが副社長をしている会社で広報の仕事をしている。

私たちはいのちの始まりや終わりに直面したときのように、それが何なのか簡単には説明できない驚嘆すべきことに出会ったとき、魂を揺さぶられることがある。哲学は驚き（タウマゼイン）から始まるといわれる。出産だけでなく、看病したり、人生の最期に立ち会ったりするとき、「生きている」ことを愛おしく思うだけでなく、「生きている」というそのこと事態に驚嘆することがある。その時、誰もが一人称で臨床現場から言葉を紡ぐことができる。実は私もその一人だった。

命の危機に直面して

生命倫理の分野でも、哲学者が取り組むべき課題はたくさんある。女性の哲学研究者が日本には少ないこともあって、私は大学院生の頃研究していたギリシャ哲学だけではなく、生殖医療の問題や家族の問題も研究するように勧められた。文献を研究すると、出生前診断で特定の障がいを持つ可能性が高い胎児を中絶するのは、生命の価値に序列を付ける優生思想に与する危険があることがわかった。母体の自己決定権は重要だが、胎児の生存権も尊重されるべきだ、と私は考えるようになった。いまでも基本的な考えは変わらない。

ただ、自分自身が出産と育児を経験する中で、この問題の深淵が見えてくるようになった。出生前診断はしなかったが、私の婦人病のために、胎児に障がいがある可能性を示唆された。その時、一人称にこの問題の在処《ありか》があるのだということを実感した。私は予想もしない混乱の中に陥ってしまったのである。その中でも時々冷静になる瞬間、理性だけがその混乱を整理する道標になる。その意味で、私は哲学を勉強していてよかったと思った。そして、この問題を一人称から語り直すことが、これに気づいた私の役割のように思えてきた。

生まれてきた子と対面して、特に障がいもなさそうだと思った瞬間、「ああ、良かった」とホッとした。しかし、その「良かった」と感じた自分に一種の罪悪感が残った。ところが一カ月経ったときに自宅で思いもよらない事態が起きた。朝からミルクを飲まず様子がおかしいので病院に連れて行ったが、原因がわからないまま帰宅する。その後、自宅で子どもの顔が真っ青になり、心臓の鼓動が止まってしまった。病院に着くと医師から「厳しい状態です。今晩が山でしょう」と言われ、すぐに人工呼吸器が装着された。

出産前は「障がいがあったら」と不安に思っていた。しかしこうなるともう「何としてでも生きていてほしい」しかない。原因は溶連菌感染症による無呼吸性の肺炎ということで、障がいとは何の関係もなかった。次男は、三日間、心拍数が低下してモニターの波形が下がる度に看護師さんにパンパンパンッと叩かれながら、生死の境をさまよった。医者は「医療でできることはすべてやりました。後は本人が生きる意志があるかどうかです」と言う。親はいのちの軌跡をたどるようなモニター映像を見て、ただ祈る。その子は「生きる」という強い意志を持っていたのだろう。いのちを取りとめ、一カ月ほど入院して回復した。小さないのちに、苦しい中を生き抜くこんな力があることを私は知らなかった。私はこのことから、「子どもにたくさんのことを望んじゃいけない、生きているだけでいい」と心底思うようになった。産婦人科の主治医の先生には「無事生まれたのは奇跡だ。奇跡は二度起こらない」と言われた。次の子も生後NICU（新生児集中治療室）でしばらくお世話になったが、特に障がいはなかった。

私はこのような経験を通して、胎児に病や障がいがある可能性に苦しむことがどういうことなのかを経験した。とにかく子どもが不憫でたまらない。障がいも病もない身体に産んであげられない自分を責め、仕事をしていたことがその原因のように思える。出生前診断を受けて、障害がある子どもを身籠る確率を数字で示された妊婦も、独りで悩みを抱え込んでいるのだと思う。職を失うことや介護負担が現実として重くのしかかってくるように感じるのだろう。しかし、子どもは何者にも代えがたく、いのちの危険に晒《さら》された時には「何としてでも生きていて欲しい」と思うのも自然な気持ちである。生きている胎児のいのちに関わる決断を妊婦がすることは、過酷なことだ。しかし実際に障がいの重い子どもを産み育てている母親たちの話を聞くと、彼女たちは決して英雄的な特別の存在ではなく、ごくごく普通のお母さんたちである。

私の友人に障がいの重い子どもを育てている人がいる。今は四〇歳になる息子さんは一歳半程度の知能だとされる。ところが、小さい従兄弟に対する気遣い、家庭での振る舞いは、とてもその知能とは思えない。地域で福祉の制度を利用して、息子さんは、昼間は作業所で手作り品などを制作する仕事をし、夜はグループホームで親から離れて暮らしている。彼女は地域で幸せに生活していると言う。しかし彼女も子どもが障がい児であること、自分が障がい児の母であることを受け入れるのに時間がかかったそうだ。そして、障がいのある子どもに冷たい視線が向けられるときが辛いという。制度を変えるような大きなことはなかなかできない。でも、障がいのある人が「生きている」ことを見つめて、冷たい視線を向けないようにすることは、顔の見える二人称の関係が構築できれば可能だろう。彼女はそのようなつながりの中で生活している。

「生きている」ことを見つめて

障害児を育てるということが、どうしても他人事に思えなくなった私は、NICU（新生児集中治療室）で出会ったような子どもたちが大きくなって通う施設に足を運ぶようになった。横浜市にある重度障がい者福祉施設・訪問の家「朋《とも》」である。障がいが重いと母親だけで育てることはできない。朋は横浜市と協力して、障がいの重い人が地域で暮らすことを支援している。言葉をもたずに医療ケアを受けるような人たちが、空き缶プレスや和紙染などの仕事を地域の人々と一緒に行い、地域社会で役割を果たしている。また親が高齢になって子どもをみることができなくなる前に、グループホームで親から離れて地域生活することが実現した。

朋の創設者、日浦美智江さんは、障がいの重い人たちのはたらきは与えられた身体で精一杯生きる、というそのことで、人と人をつなぐことだという。「生きている」ということ自体がその人たちの社会的役割だという。重い障がいがあるひとが、精一杯の笑顔で訪問者を歓迎する。身体は極めて重度な障がいがあり、二四時間全介助、動くこと、話すこと、食べることすべてを人の手を借りなければならない人たちである。腕が少し、瞼の動きが少し、足が少し、顔の表情、それぞれ動く部位は違うが、その部位のわずかな動きで精一杯意思を表明する。言葉のないコミュニケーションだが、家族やスタッフは生活を共にする中で、それぞれの人の好き嫌いや喜怒哀楽がわかるようになる。私のゼミの学生たちは、「朋」で三日間生命倫理の実習をする。最初はコミュニケーションがとれないが、障がいの重い人たちの方から、いろいろな形で働きかけがある。学生たちは最初「障がいの重い人をケアしよう」とするのだが、途中から自分たちの方が障がいの重い人からケアされていることに気づく。

先端医療の力のおかげで、障がいが重くても生きられるようになったのだが、その医療の力も超える「生きる力」がいのちにはある。日浦さんは「いのちは病気にならない」という言葉を障がいのある人から聞く＊5。小さないのちがもつ「生きる」という強い意志は、生きることを支えるときに実感できる。ともに「生きる」ことを実感することは、支援する側にも喜びをもたらす。

弱い立場の人たちが排除され犠牲になる仕組みとは違った社会をすぐにつくっていくことは難しいかもしれない。しかし、「生きている」命を家族だけでなく地域社会で支える仕組みは、近隣地域で作られた政策や制度が実現している。「生きている」いのちを中心に、顔の見える二人称の関係が構築されていれば、結局は自分や自分の家族が「生きている」ことを支えられる。対話から人と人とのつながりが始まり、そういう関係の中で支えあうことのできる仕組みが実現するかもしれない。障がいや病はいつか自分自身の問題、一人称の問題になる。究極的には、ＡＬＳ患者のように、自分が自分に対して問いかけて答えを探究する営みの中に、誰もが身をおく。

＊5　日浦美智江『みんな一緒に』IEPジャパン、2004年、13頁－14頁を参照。

哲学とは知恵を愛する営みであり、一人称の私が主体である。「実際、だれ一人として死というものを知らない」というソクラテスの言葉を私たちに伝えたプラトンも、死にゆくソクラテスの言葉を書物にし、哲学の議論の場に他者を招く中で、自らの哲学を構築した。臨床哲学とは、人間が「生きている」ことを見つめ、二人称との対話や議論を通して自らを問い直す、究極的には一人称が主体となる知恵の探求なのである。

4

生きるための技術

村田純一

はじめに

二一世紀の日本に生きているわたしたちの生活はじつに多様な技術的人工物に囲まれ、そうした人工物の作るネットワークに支えられて成立している。わたしたちの生活がどれほど技術の恩恵を被っているかを理解するためには、ほんの少しの間でも、こうした技術的人工物が消え去った世界を想像してみるだけで十分だろう。

ある朝目覚めたところ、いつも手にしている携帯電話がなくなっている。もちろんテレビもラジオもない。ベッドも布団もなければ、寝ていたはずの部屋も建物も存在しない。着ていた衣服も消えてしまった。要するに人間によって作られたものは何もかもなくなってしまい、「自然」だけが残されることになる。このような状態に置かれた場合、はたしてわたしたちは生き続けていくことができるだろうか。

もう少しこの話に現実味を与えるには、歴史を遡《さかのぼ》って、数万年前、現生人類がアフリカから世界各地へと広がっていった時代や、あるいは、それ以前に、ネアンデルタール人のような旧人たちがやはりアフリカから各地へと居住空間を広げていった時代のことを考えてみるといいだろう。

そのような時代にまで遡ったとしても、人類がすでに洞窟に住みながら、洗練された石器を利用してさまざまな作業に携わっている様子を目にすることになる。つまり、わたしたち現生人類の祖先の生活は、つねになんらかの技術的人工物を伴っていたのである。どんな原初的状態であれ、人間が生きるということは、技術的に生きることにほかならないのであり、この意味で、人間とは「道具をつくる存在（homo faber）」だということができる*1。

ただし、技術的人工物を作り使用することがつねに恩恵をもたらすわけではない。人工物はしばしば故障したり事故を起こしたりする。現代日本に生きているわたしたちは、二〇一一年三月に起きた東京電力福島第一原子力発電所の事故によって、最新技術がもたらす災害のすさまじさを知ったばかりである。

この意味で、人間が生きることはつねに人工物とともに生きることであるにし

*1　生物学や考古学によると、アフリカで6～700万年前から直立歩行する類猿人が登場したとされている。しかしこの類猿人は人類の仲間とは見なされず、脳の大きさがより大きくなり、石を砕いた粗雑な道具を作るようになった直立歩行する類猿人を「ホモ（人類）」と定義しているようである。この条件を満たした人類は250万年前に登場したと見なされ、「ホモ・ハビリス（器用な人）」と呼ばれている。人間ないし人類の概念をここまで広げたとしても、「人間の生活は人工物と不可分である」といえそうである。

ても、その人工物は同時に必ずしも人間の思い通りにはならない存在であることを忘れてはならない。ちょうど、人間が生きることはつねに仲間と一緒に生きることでありながら、その仲間は同時に思い通りにならない「他者」であり続けるように、人工物もまた仲間であると同時に「他者」でもあるという二重の性格をもつのである。

わたしたちの生存を支える人工物がつねに同時に他者であることは、生きることは本質的に不都合をもたらす可能性を秘めているということであるが、しかし同時に、それなしではもたらされなかった新しい生き方をもたらしてくれる可能性を秘めているということでもある。つまり新たな意味や価値を生み出す創造性を秘めているのだ。

以下の本論では、生きるための技術に備わるこの創造性の特質を取り上げながら、生きることの創造性に光を当てることで見えてくる哲学的含意について考えてみよう。

作られたものから作るものへ

あらためて人類が成立し始めた時期に戻って考えてみよう。ただし、以下の論述は史実に基づいた正確さを期すものではなく、技術の本性を確認するための一種の思考実験だと理解してもらいたい。

たとえば、人類が洞窟を出て平原で狩猟や採集などの活動を始めた場合、毎日の天候によってその活動は大きな影響を受けることになる。雨が降れば、そのたびに洞窟へ戻らねばならないし、平原にとどまろうとするなら、そのつど雨を防ぐ工夫をしなければならないからである。そのときたまたま大きな木の下にいると雨に濡れないで済むことになったと想定してみよう。すると、人々はそのあとから木の下で生活を営み始め、さらには木の枝を使って屋根のようなものを作り始めるかもしれない。

ここで重要なことは、なんらかの仕方で雨を防ぐ人工物である屋根を作成することができれば、雨が降るたびに新たに雨を防ぐという面倒な活動に従事しなくても済むことになる点である。いったん屋根を作ってしまえば、たとえ雨が降ってきても、雨を防ぐ役割は屋根に任せて、それまで従事していた活動を続けたり、あるいは、他の新たな活動を始めたりできるようになるからである。こうしてそれ以降の人間の生活はすべて屋根をもとにしてそれに支えられた生活となる。

同じことはどんな人工物の役割に関してもいえる。たとえば、人類にとって、獲得した獲物を解体して食料にしたり、毛皮を剥《は》いで敷物にしたり衣服にしたりすることは生きていくうえで重要不可欠な仕事だっただろう。しかし、それらを素手で行おうとすれば大変な労力が必要となり、ほとんどその作業だけで労力を使い果たしてしまうことになったかもしれない。ところが、解体作業中に、たまたま手近に見つかった石の塊《かたまり》を使ってみたところ労力が格段に少なくなったとしよう。すると人々は、物を切断したり表面をはがしたりするのに役立ちそうな石を集めるだろうし、さらには、より鋭利な刃をもつ石器へと加工するかもしれない。こうしてひとたび人類が石器を獲得すると、この場合も、獲物を解体するときには、いちいち解体に伴う困難な作業に従事する必要はなくなり、仕事の大部分を石器に委ねて効率的に済ますことができ、労力を他の仕事に向けることができるようになる。それ以降の人間の生き方は、石器に支えられた仕方で実現されることになる。石器が作られる前と後では生活は根本的に違った仕方で営まれることになるのだ。

このように、技術的人工物は、なんらかの問題に遭遇した場合、その解決をともに担《にな》ってくれるものであり、その意味で、技術的人工物は生きる上での問題解決の「共同行為者」ないし「パートナー」と性格づけることができる。このパートナーは問題解決の場面で実際に働いてくれるだけではなく、それに基づいて新たな生き方を可能にもしてくれる。わたしたちが生きていく上で行うさまざまな活動が人間的であるといえるのは、さまざまな技術的人工物がパートナーとして支えてくれているからである。人間の活動は、この意味で、つねにあらかじめ作られた人工物にもとづいてはじめて可能になっており、その積み重ねによって人間の生き方が多様な仕方で発展してきたと考えられる。

現在では、たとえば、寝たり食べたりという毎日の活動について考える場合、同時に屋根の存在に思いをはせることは、(ホームレスになっているような)特別の事情がなければ、ないだろう。屋根の存在はあまりにも自明なこととしてわたしたちは日々の生活を営んでいる。あるいは、物を切ったり裂いたりする活動を考える場合も同様であり、特別の事情がない限り、包丁やハサミのような刃物を使うことを前提にしてそれらの活動を考えている。わたしたち人間が生きる上で行っているすべての活動は、西田幾多郎の言葉を借りていうなら、つねに「作られたものから作るものへ」という構造をもっているのである*2。

製作のはじまり

人間が生きるということはつねに技術的に生きることであり、それは「作られたものから作るものへ」という構造をもって進行する過程と考えることができる。これがここまでの結論である。

しかしこのようにいうと、それでは、最初はどうなるのか、という疑問がすぐに湧いてくるだろう。最初の作られたものを作ることはどのようにして成立したのか、という問いに答える必要があると思われるからである。このような問いが生まれるであろうことを念頭に置いて、先の記述ではあいまいな書き方をしてある。雨が降ってきたときに、たまたま大きな木の下に居合わせて雨を防げることになったとか、獲物を解体しているときに、たまたま石の塊が手近なところに見つかったといった具合である。このようないい方をすると話をごまかしているように思われるかもしれないので、もう少し詳しく説明しておこう。

たとえば、雨が降ってきたときに大きな木の下にいるという状況がたまたま生じた場合、その状況は、雨宿りをする、ないし、雨を防ぐという意味を持ち、そこにいる人にとっては雨にぬれずに済むという価値を帯びるものとなる。ここで状況に雨を防ぐという意味を与えているのは、雨と木と人という要素がたまたま出会って作られた配置のあり方であり、それらの要素のひとつでも欠ければそのような意味は生まれない。同じことは、石器に関してもいえる。獲物を解体する時に石の塊が役立つ人工物となるのも、獲物と石と人とがたまたまうまい具合に結び付くような配置にあったからである。石の塊が石器という意味を持ち、役に立つ道具という価値をもつのは、こうした状況の配置が生み出したものであり、

＊2　西田幾多郎は近代日本の代表的哲学者。1930年代に出版した哲学論文集第1から第3において、技術に関して集中的に論じており、そのなかで技術の本性を「作られたものから作るものへ」と規定している。

状況を構成する要素のひとつでも欠ければ成立しない。

したがって、もしここで、「作られたものから作るものへ」という場合の、最初の作られたものを作ることはどのようにして成立したのかという問いにあえて答えるなら、一定の状況のあり方が成立したからだ、ということになるだろう。つまり、ある一定の状況が「作られた」からだということになる。〈雨と木と人〉あるいは〈獲物と石と人〉の配置は、誰かひとりの製作者がいて作られたものではない。したがって、ここでこのような配置を「作られたもの」というのは比喩にすぎないと思われるかもしれない。しかし、それでは製作者がいて物を作る場合には、はたしてここで見出した状況の作られ方と根本的に違ったことが起きているのだろうか。

わたしたちは新しいものの製作や発明について考える場合、誰か天才的な人物がいて、その人がすばらしいひらめきによって新しい人工物のイメージを抱き、そのイメージに基づいて人工物の設計と製作がなされるというように考えることが多い。ここで取り上げた例でも、状況が作り出す配置を目にした人が、そこに特定の「意味」を見出す体験をしなければ話は始まらないようにも思われる。実際、心理学ではこのような仕方で、ある状況に特定の意味を見出す体験を「アハー体験（Aha-Erlebnis）」とか「洞察」という言葉を使って表現し、その知的性格を強調している*3。

しかしこうした体験の重要性を認めるにしても、まず第一にはそうしたひらめきが可能となる状況の配置が「作られて」いなければならない。ひらめきは状況の配置なしには成立しないからである。第二に、たしかにひらめきが重要な場合もあるだろうが、ひらめきが重要性をもつことになるかどうかは、そのあとにどのようなことが起きるかにも依存している点を無視できない。

たとえば、大きな木の下で雨を防ぐことができた状況にいる人が、そこに「屋根」という意味を見出し、その後、たとえば木の枝を集めて屋根を製作することを行ったとしても、その屋根が雨にぬれるとすぐに壊れてしまい、ちっとも役立たなかったとするならどうだろうか。あるいは、獲物を解体しているときに石を見つけてそこに刃物という意味を洞察したのであるが、実際に石の塊を使ってみたところ、まったく切断には役立たなかったり、すぐにぼろぼろに壊れてしまったりすることになれば、最初のひらめきはひらめきという意味をもちえないこと

＊3　ゲシュタルト心理学では、隠し絵のなかに隠された意味ある形を見出す体験のように、特定の意味ある配置を見出すような知覚体験を「アハー体験」と呼んでいる。この体験はゲシュタルト知覚の典型例のひとつと見なされ、人間や類人猿の知性を説明する時に用いられる（W・ケーラー『ゲシュタルト心理学』田中良久・上村保子訳、東京大学出版会、1971 年、145 頁以下、参照）。

になるだろう。最初のひらめきがひらめきとして意味をもちうるのは、そのひらめきに従って実際に役立つ人工物が実現できるかどうかにかかっている。それは、ひらめいた人物の才能だけではなく、それをもとに製作がなされる過程で、木材や石などが製作活動に沿った仕方で応答してくれるからである。あるいは逆にいえば、製作過程が木材や石などにうまく対応するように進むからだということもできる。

先には、技術的に作られた人工物を「パートナー」と呼んだが、人工物を作る過程のなかで材料となるものたちもまた、製作過程のなかで「パートナー」としての役割を果たしているのである。技術の本性は問題状況に出会ったときに、一緒に働いてくれる「パートナー」を見つけ、うまい具合にその「パートナー」と活動をともにする点にあるということができる。この意味でも、「製作のはじまり」という言葉をひとりの製作者のようなあるひとつの要素に限定して無条件に使うことはできないのである。

製作の終わり

以上は製作過程の始まりに関する話だが、その終わりや完成に関しても似たようなことが成り立っている。

再び石器を例に考えてみよう。

石器のなかで最も古い種類のものにハンド・アックスと呼ばれるものがある。ネアンデルタール人のような旧人よりさらにまえのホモ・エレクトス（原人）と呼ばれる人類が何十万年にもわたり用いていたものといわれている。これは石の塊の両面を加工して細長い円盤のように仕上げた石器であり、手のひらにつかんで、物を切断したりするのに用いられていたとされる。それに対してネアンデルタール人の時代には、ルヴァロワ式と呼ばれる石器の技術が大流行したといわれている。まず原石を割って亀の甲らのような両面体をつくり、その一端を別の石で叩いて、細長い平らな石片をはがして取り出し、そのように剥がして得られた細長く鋭い刃をもった石片を狩猟や動物の解体に用いたとされている*[4]。

さて、ネアンデルタール人たちはどのようにして新しいルヴァロワ式の石器製作法の技術を開発したのだろうか。ここにも明確なひらめきをもった発明者がいたのだろうか。

考古学では、以下のような仮説が提出されている。最近見つかったハンド・アックスには、表面を加工する際に一か所失敗して大きなかけらをはがしてしまった痕跡のように見える箇所がある。何回も叩きながらハンド・アックスを削っているうちに、たまたま叩きそこなって大きな石片をはがしてしまったのではないかと推測されている。ある研究者は、このような事例から、ルヴァロワ式石器の起源は、ハンド・アックス製作の失敗によると考えているという*[5]。

もしこの仮説が正しいとすると、ルヴァロワ式石器は、誰かひとりの発明家のひらめきから生まれたわけではないし、確定した設計者がいたわけでもないことになる。いわば偶然できてしまったのだ。このように考えられるとするなら、この石器がどのような技術的製品であるかを決める規準になるようなアイディアや設計図が前もって用意されていたわけではないのだから、製品ができあがった時点を特定することは簡単にはできないことになるだろう。

　むしろこの場合に生じているのは次のような過程と考えられる。ハンド・アックスを作ろうとして原石を加工していたところ、失敗して大きな破片がはがれてしまった。ところが、そのはがれた大きな破片を見ると鋭い刃を備えており、使ってみると使いやすいことがわかった、といった具合である。ここでは、ある仕方で使う過程を通してはじめて、それが捨てられるべきたんなる破片ではなく、便利な道具であるという意味と価値が見出されることになったのだから、なんらかの使用状況のなかで石器の意味と価値が生まれたということができるだろう。つまり、前節でみた場合と同様に、〈切られるべき対象、石の切片、人〉という偶然生じた使用状況に備わった配置のなかで、便利な道具という意味と価値が生じたと考えられる。このような使用状況の配置のなかで、ルヴァロワ式石器が「作られた」ともいえる。

　ここでは、一定の製作活動がなされ、それが終わり、製品が完成し、そしてそのあとで使用が始まるのではなく、むしろ使用の過程のなかで、製品ができあがるという方がふさわしいのである。製作活動は使用過程にまで入り込んでいると

＊4　ここで述べた石器についての説明にあたっては、赤澤威（編著）『ネアンデルタール人の正体――彼らの「悩み」に迫る』朝日新聞社、2005年、そのなかの特に11章「一日を想像する」（西秋良宏）を参照した。

＊5　西秋良宏「一日を想像する」、赤澤威（編著）『ネアンデルタール人の正体――彼らの「悩み」に迫る』朝日新聞社、2005年所収、293頁以下参照。

いってもいいし、使用もまた製作活動の一種だということもできる。いずれにしても、その製品がなんであるかは使ってみなければわからないのである。

以上のように考えることができるなら、製作過程は使用過程と地続きになって連続しているのだから、製作の終わりの時点を明確な仕方で特定することはできないことになる。また、製作過程でパートナーとなるべきさまざまな要素は、必ずしもいつも予期した通りには応答してくれず、失敗や、場合によっては事故をもたらす可能性を秘めているという点で「他者」であり続ける。同時にそのおかげで新たな意味や価値を生み出す創造性が可能となるともいえる。

設計者をもとにする誤《ご》謬《びゅう》

技術活動の過程は、製作者の明確な意図からはじまり、その意図に導かれて進み、意図通りのものが完成した時点で終わる、といった具合に進むものではない。むしろ、製作者、材料となるもの、その時々の状況、そして使用者、こうした多様な要因の相互作用からなる過程として実現するのであり、いつ始まりいつ終わるとは簡単にはいえるものではない。これがここまでの議論の結論である。

それに対して、伝統的哲学や常識のなかでは、製作者ないし設計者を規準にして製作を理解する見方が支配的だった。このような技術に関する伝統的な見方を技術哲学者のドン・アイディは「設計者をもとにする誤謬」と名付けて批判している＊6。

この誤謬がどれほど根強いものであるかは、たとえば「形相・質料」という概念装置や、行為のあり方を「行為者の意図とその実現」と解釈する、よく知られたモデルなどに見てとることができる。こうした見方では、技術的製作は原則的には製作者のあらかじめ抱いた設計意図（形相）に材料（質料）が従うことが前提されている。また、行為の場合にも、意図通りの帰結がもたらされることが原則であり、意図せぬ帰結が生じることはあくまでも例外的と見なされている。しかし実際の製作過程や行為の過程は、材料のもつ抵抗や予期しえぬ帰結など多様な要素との調整が必要とされる過程であり、そうした調整なしには一歩も進みえないのである。つまりさまざまな要素の間での相互作用を実現する技術を必要とす

＊6　ドン・アイディ（Don Ihde）は現代アメリカの代表的哲学者の一人。「設計者をもとにする誤謬」の原語は designer's fallacy.

る過程なのである[*7]。

あるいはむしろ、技術とは、人、材料、道具、環境などから成立している状況の配置をうまく制御しながら、新たな配置のあり方を生み出していく過程にほかならないということができるだろう。その過程では、どれかひとつの要素（たとえば製作者）が決定的な役割を果たすのではなく、多様な要因がそれぞれ独自の働きをしながら、そしてさまざまな偶然の要因が加わりながら、相互調整のなかでひとつの配置から次の配置へと進んでいくことになる。

伝統的な見方に従うと、「形相・質料」モデルや「意図とその実現」モデルに従わない過程は例外的なものと見なされる。しかし複雑な出来事が生じ続けている現実の世界で生きることを考えるなら事態は逆なのである。現実の世界のなかでさまざまな新しいものが生まれ、創造的活動が可能となっているのは、まさに「形相・質料」モデルや「意図とその実現」モデルでは説明のつかない事柄がつねに起こっているからである。屋根や石器などの事例によってみてきたように、新たな意味や価値はまさにこのようなモデルから外れた仕方で生じるのである。

もちろん、伝統的な哲学で典型例として考えられるような「形相・質料」モデルや、「意図とその実現」モデルによって説明したくなるような事例も多々あるだろう。とりわけ事故が起きた場合に責任を問うような場合などでは、この説明の仕方は大きな力を発揮する。事故を引き起こした行為が過失と見なされるか、それとも意図的なものと見なされるかによって、責任の帰属の仕方は大きく異なってくるだろう。意図的な行為と見なされる場合には、まさに特定される意図によって事故に関連する行為が引き起こされたと見なされるからこそ、行為者に責任が問われるのである。

しかし意図的行為のように典型例と見なせる場合であっても、意図とその実現の間で不断に生じているずれを微調整する技術の働きが不可欠であることに変わりはない。あるいは、それらのモデルは、実際には多様な要因の相互作用として成立している過程を、ひとつの観点から説明するために抽象化して成立したものだということもできる。これらのモデルは説明図式として重要な役割を果たしていることは否定できないが、同時に、そのモデルのために、現実の世界のもつ複雑さや不確定性は無視され、技術の創造的働きが隠されてしまうことも否定できない。とりわけ生きるということが問題になる場合がそうである。

＊7　本論では、人間が器用な手を備えた身体をもつ存在であることは前提となっている。人間が直立歩行によって自由に使えるようになった手をもつにいたった前提条件を探してさらに過去へとさかのぼるなら、生命誕生以来の40億年にわたる長い進化の歴史をたどることになるだろう。現生人類の身体のあり方は進化の歴史の過程を通して「作られて」きたのであり、こうして「作られた」身体をもとに人間の多様な「作る」活動が可能になっている。

生きるということは複雑な現実世界のなかでつねにさまざまな要素との相互作用あるいは共同行為として成立するものであり、それが、技術的に生きることにほかならない。技術的であることは、あらかじめ存在する形相や意図が実現する過程であるよりも、多様な要因との相互作用のなかで意図せぬ帰結をつねにもたらしながら進む過程であり、だからこそつねに創造性を秘めているのである*8。

おわりに

皆さんは、「ソライティーズ・パラドックス」(sorites paradox) という言葉をご存じだろうか。「砂山のパラドックス」とか「はげ頭のパラドックス」とも呼ばれている。

たとえば、砂場で砂山を作る場合を考えてみよう。平らな砂場にひと粒の砂を置いてもなんの変化も起きないように見える。さらにもう一粒加えても状況は変わらない。したがってこの作業を繰り返す限り、いつまでたっても砂山はできないはずである。ところがいつの間にか、そこに砂山が現れる。この事態は、論理的には実現不可能に思われることが実現しているという意味でパラドックスと呼ばれており、このパラドックスは概念のもつ曖昧さについて説明するときにしばしば用いられる。

「砂山」とか「はげ」という概念はどこからどこまでといった仕方で明確に定義することはできないが、それでも十分意味ある仕方で用いられている。ここでこの例を持ち出したのは、「生きる」という概念に関しても似たようなことがいえると考えられるからである。本論で見てきたように、生きることを技術的に生きることと理解した場合、そこには明確な仕方で始まりや終わりを想定することはできない。だからこのような概念に対して、明確な始まりと終わりを想定した概念図式を当てはめようとすると、理解できないことが生じてしまう。

たとえば、生きる意味は何か、という問いや、人生に価値はあるのか、と問う場合がそれに当たるといえるだろう。というのもこの場合、生きることをまるで始まりと終わりがはっきりした行為のように見なしているからである。つまり、生きることに何らかの確定した意味ないし形相を見つけ出そうとしたり、あるい

＊8　ここで論じられてきた論点の多くは広い意味で「技術哲学」の分野に関係するものである。興味をお持ちの方は以下の文献を参考にしていただけると幸いである。村田純一『技術の哲学』岩波書店、2009年。

は、ひとつの確定した目標を見出そうとしている点で、生きることを始まりと終わりがはっきりした活動のように見なしているのだ。

しかしながら生きることに対してこのようなモデルを当てはめることは、始まりも終わりもはっきりしない技術的活動に関して明確な製作者を想定する「設計者をもとにする誤謬」に陥る場合と同じ誤謬に陥っていることになるだろう。

ここで強調したいのは、このような誤謬に陥っている限り、新たな意味や価値がどのように生まれるのかを理解することはできないという点である。このような誤謬のもとでは、生きることに備わる創造性を理解することはできないということもできる。本論が示してきたように、確定した形相や目標から外れるような仕方ではじめて創造性が可能となるからである。

わたしたちは、確定した意味や価値を前提にして生きることを始めるわけではない。人生が終わるときに、設定されていた目標が実現するわけでもない。もちろん人生の途中で、自分の人生の来し方行く末に思いをはせたり、人生に意味や価値はあるのだろうかと思い悩んだりすることはあるだろう。そうした活動も人生の重要なひとこまであることは間違いない。よくいわれるように、人間は意味を求めざるをえない存在であり、つねに自分の生きる過程を一定の物語のなかで意味づけており、また、意味づけざるをえない。

　しかし繰り返すが、だからといって生きることが意味や価値をあらかじめ抱くことから始まるわけではないし、確定した意味や価値が実現することによって人生が終わるわけでもない。意味や価値は生きることから、そして生き続けることから生まれるのである。生きるために第一に必要なのは確定した意味や価値ではなく、生きるための技術なのである。

著者紹介

板橋勇仁（いたばし・ゆうじん）

◆専攻　日本哲学（西田哲学など）・近代ドイツ超越論哲学（ショーペンハウアー哲学など）

◆主要著作『西田哲学の論理と方法―徹底的批評主義とは何か』法政大学出版局、二〇〇四年／『歴史的現実と西田哲学―絶対的論理主義とは何か』法政大学出版局、二〇〇八年／『ショーペンハウアー読本』（共著）法政大学出版局、二〇〇七年

◆おすすめの一冊

中井正一**『美学入門』**中公文庫、二〇一〇年

美しいと感じるとはどのようなことか、それが人生にどのような意味を持っているかをわかりやすく講義したもの。後半では「日本の美」の特徴を具体例とともに説明している。美学にとどまらず、

およそ哲学そのものへの最良の入門書の一つ。

村上喜良（むらかみ・きよし）

◆専攻　キリスト教哲学、生命倫理

◆主要著作『基礎から学ぶ生命倫理学』勁草書房、二〇〇八年／「キリスト教の立場から震災を考える」（分担執筆）金井淑子編著『〈ケアの思想〉の錨を―3・11、ポスト・フクシマ〈核災社会〉へ』所収、ナカニシヤ出版、二〇一四年／『ハイデガーとキリスト教』（翻訳）ジョン・マクウォーリー著、勁草書房、二〇一三年

◆おすすめの一冊

窪美澄**『ふがいない僕は空を見た』**新潮文庫、二〇一二年

第二四回山本周五郎賞受賞作品です。生きてゆく限り負わなければならない人間の課題というか運命があります。家族、恋人、性、出産など。登場人物の高校生たちは、重くて背負いきれない運命を抱えて、ふがいなく空を見ています。あなたな

ら、空を見上げながら、生きることの重さをどのように心に刻むのでしょうか。

田坂さつき（たさか・さつき）

◆専攻　西洋古代哲学、倫理学

◆主要著作　『テアイテトス』研究――対象認知における「ことば」と「思いなし」の構造』知泉書館、二〇〇七年／（共著）『高等学校　現代倫理――現代の社会を動かす思想』（文部科学省検定教科書）清水書院、二〇一三年／（共著）『ポリテイア』におけるイデア論の始まり』『理想』（六八九）三六―四六、二〇一一年

◆おすすめの一冊

V・E・フランクル（山田邦男・松田美佳訳）**『それでも人生にイエスと言う』**春秋社、一九九三年

フランクルはアウシュビッツ収容所で人間の残酷さや弱さを直視しつつも、過酷な状況でも愛と希望とを見出す。彼はその経験を経て、尊厳ある生き方は何か、苦悩に意義があるのかなど、哲学的な問いと向き合っている。

村田純一（むらた・じゅんいち）

◆専攻　現象学・科学哲学

◆主要著作　『色彩の哲学』岩波書店、二〇〇二年／『「わたし」を探険する』岩波書店、二〇〇七年／『技術の哲学』岩波書店、二〇〇九年

◆おすすめの一冊

廣松渉**『新哲学入門』**岩波書店、一九八八年

開いてみると難しい漢字が並んでいて、読む気を失うかもしれないが、ゆっくりでも読み始めれば、決して理解しにくいものではない（はず）。大学二年生の演習で用いたところ、興味を持った学生三人もが卒論のテーマに選んだほどである。

哲学《てつがく》　はじめの一歩《いっぽ》　1　生《い》きる

二〇一五年八月二四日　初版発行
二〇一六年三月二四日　二刷発行

編者　立正大学文学部哲学科《りっしょうだいがくぶんがくぶてつがくか》

発行者　三浦衛
発行所　春風社　Shumpusha Publishing Co.,Ltd.
横浜市西区紅葉ケ丘五三　横浜市教育会館三階
〈電話〉〇四五・二六一・三一六八　〈FAX〉〇四五・二六一・三一六九
〈振替〉〇〇二〇〇・一・三七五二四
http://www.shumpu.com　✉ info@shumpu.com

装丁・レイアウト　矢萩多聞
装画　鈴木千佳子
印刷・製本　シナノ書籍印刷株式会社

乱丁・落丁本は送料小社負担でお取り替えいたします。

ISBN 978-4-86110-459-6 C0010 ¥3241E（四冊揃）

『哲学　はじめの一歩』刊行のことば

17から20歳になれば、思春期の背伸びの後に、突っ張りやおしゃれだけでなく、知的にも背伸びをしてみよう。それも、小難しい言葉や観念に酔うだけで実際の思考は空回り、というのではなく、手応えある内容を生活の中に持ち帰るために。これまで当たり前だと思っていたさまざまな価値観と距離を取り、生きることの意味さえ含めて問いなおしてみよう。このような試みは若いうちに当然に生まれるものであるが、これをどのような深さで遂行するかによって後《のち》の日々の生活の足取りは変わってくるはずだ。

どうして人のこんなにもさまざまな生活があり、異なる社会があり、違った考え方、価値観をもつ人々がいるのか。夥《おびただ》しい情報が行き交う現代は、そのことを思い知らされる時代である。しかし多様な様相の底で、人の生を織り成す幾筋かの共通で基本的な織り糸はある。それらを探り、それらが関係しあう様《さま》に光を当てよう。

生きてゆくと、否応なくさまざまな問題、困難が降りかかる。そんなときでも自分は立ち向かうことができるはずだ、という勁《つよ》い確信を得るために、ものごとを解きほぐし、表面に現れた諸相を生成させている理屈を見つけてゆく、そういう考え方を身につけよう。哲学に親しむとは、自分の芯となる思索力を訓練することである。

『哲学　はじめの一歩』という、4つの冊子、16の論稿から成る本書のテーマは、いわばまっすぐな選択というか、人が「己が生きること」を考えるときの基本となることである。

ぜひ若者たちに手にとってもらいたい。もう「若者」ではない方でも、少し立ち止まり、人生とはどんなものであるかをあらためて考えてみたいときに、その材料やヒントとして読んでいただきたい。どの論稿から読みはじめてもかまわない構成になっている。また、高校の「倫理」を担当される先生方、大学で「哲学教養科目」「哲学演習」を担当されている先生方には、教材として利用していただければと願っている。――生きることを「よし」と言おうではないか。